「サブ4」「サブ3.5」
「サブ315」「サブ3」
書き込み式
10週間完全メニュー

限界突破マラソン練習帳

岩本能史

講談社

はじめに　～レースはトレース。練習もトレース～

そのネガティブ発言が自己ベスト達成を阻んでいる！

自己ベスト更新に挑み、練習に真面目に取り組んでいるつもりなのに、なかなかサブ3、サブ315の壁が破れない……。

そんな市民ランナーの皆さんに質問です。

あなたは次のような発言が口癖になっていたり、言葉にしないまでも、内心で思ったりしていませんか？

「ランナー仲間のAさんと一緒だから頑張れた」

「あのレースは先輩のBさんに引いてもらえたからベストが出た」

「○○さんのレースの話を聞いて、ようやくやる気スイッチが入った」

「練習で皇居が使えないと困ってしまう」

「失敗したら嫌だから、できるだけたくさんのレースにエントリーした」

そんなセリフのうち一つでも思い当たるとしたら、それこそがあなたが自己ベストを出せない理由かもしれません。

でも、大丈夫。そんなランナーでも自己ベストが出せる練習法を詳しく解説するのが、この本の10週間練習メニューです。

これらの発言がなぜダメなのか、その理由は後ほど述べます。

これまで練習メニューを公開してこなかった理由

本書でフルマラソンに関する書籍は6冊目になりますが、この本にはこれまでにない大きな特徴があります。それは、10週間分の詳細な練習メニューを目標タイム別に公開する、僕にとっては初めてのスタイルだということです。

僕らのランニングチーム『ｃｌｕｂ ＭＹ☆ＳＴＡＲ』からは毎年、男性ならサブ３、女性ならサブ３１５を達成するメンバーが出ていました。

「それを可能にしている必殺の練習メニューを公開してほしい！」

そんな声はあちこちから頂戴していたのですが、いままではお断りしてきました。なぜなら練習メニューは自分の頭で考えるべきものだと思っていたからです。

僕自身、全長217kmのバッドウォーター・ウルトラマラソン（アメリカ）や全長246kmのスパルタスロン（ギリシャ）といった100kmを超えるウルトラマラソンに挑戦し続けていますが、ウルトラには練習法の教科書はありませんでした。

五里霧中でもがきながら試行錯誤しているうちに、少しずつウルトラマラソンの練習法と走り方がわかるようになり、自分なりのトレーニング法を確立しました。その過程で、ウルトラの世界で長年まかり通ってきた「フルマラソンのタイム×3が100kmマラソンの潜在的な自己ベストである」という常識が、真っ赤なウソだと気がつきました。準備がしっかりできていることが条件になりますが、実際はフルマラソンの自己ベスト×2・7＝ウルトラの潜在的ベストタイムであり、レースペース。それは周囲の仲間にも、同じくウルトラランナーである妻の里奈の記録にも当てはまりますし、いずれも日本人が持っている100kmマラソンの男女の世界記録（男性は砂田貴裕さんの6時間13分33秒、女性は安部友恵さんの6時間33分11秒）にも該当するのです。もちろん、練習がしっかり積めていれば10時間台、11時間台のランナーにもピタリと当てはまります。

このように何もないところから、自分の頭で考えながら練習をしているうちに、僕自身はどんどん速く走れるようになりました。その結果、いくつかのメジャーなウルトラレースで上位入賞を果たすことができました。

そうした自身の体験を踏まえて、練習メニューを他人任せにして完全に外注するのではなく、自分自身で考えて工夫すると自らの走りや練習法への反省につながり、それが走力の向上に結びつくというのが僕の持論になっています。ですから、走力、走り方、筋肉の質、ラン歴といったバックグラウンドが異なるランナーに、目標タイム別に同じメニューを提供しても、思ったような成果は望めないと思っていたのです。

僕のマラソンの練習法には、「15㎞ビルドアップ走」と「峠走」という柱になる2つのポイント練習があります（僕の本を初めて手に取って「何、それ?」と思った方は第3章の解説をお読みください）。『club MY☆STAR』では、この2つの柱を軸としながら、希望に応じて僕の経験から練習メニューをある程度カスタマイズしたら、それをベースにメンバー自身が考えながら自分なりに練習をしているのです。

レースはトレース。練習もトレースだった！

では、なぜ趣旨替えをして、長年の持論を曲げて練習メニューを詳しく解説する本書を出すことにしたのか。その理由を最初に書いておきたいと思います。

発端は僕自身が、本拠地を東京から沖縄本島へ移したことにあります。

僕がここ数年、もっとも力を入れているレースは、アメリカのデスバレー（死の谷）で行われる前述のバッドウォーターです。このレースは気温50度、熱せられたアスファルトの熱でランニングシューズのソールが溶けるような環境で行われます。そのレースを念頭に置いて、少しでも暑い環境で練習したいと考えたのが移住の第一目的。加えて年間70本近いセミナーやイベントに追われる東京での生活が忙しすぎて、そこからドロップアウトしたいという思いもありました。

現在でもLCCを利用して毎月のように東京を訪れていますが、沖縄に拠点を移してからは、『club MY☆STAR』のメンバーたちにかつてのような熱血指導は行わなくなりました。そこで年会費を無料にして、岩本イズムを継承しているであろう先輩たちを中心に、互いに教え合うというスタイルへの脱皮を図ることにしました。なかには僕の目が行き届かないことに不安を訴えるメンバーもいましたが、僕自身は内心、これで自ら本人に適した練習を考える理想のかたちに発展してくれたらいいと願っていました。

しかし、その甘い期待は見事に打ち砕かれてしまいます。沖縄に本拠地を移して2年目、2015年は『club MY☆STAR』の10年の歴史上初めて、男子の新たなサブ3、女子の新たな315ランナーが誰一人誕生しなかったのです。

これは僕にとって想定外の出来事でした。メンバーが決して力不足だったわけではなく、互いに教え合うというスタイルがうまく機能しなかった結果、持てるポテンシャルを最大限に発揮できなかったのが原因だと思いました。

僕の持論は**「レースはトレース」**。**マラソンにはまぐれもホールインワンもありません。奇跡も根性も不要であり、レースのスタートラインに立った時点で99%が終わっています。**

糖質やアミノ酸などを補給しながら（↑その方法については巻末付録に）、練習で培ったペースを守ってたんたんと走るだけ。練習したペースをなぞる（トレース）だけだから、「レースはトレース」なのです。

けれど、セルフコーチングスタイルが機能しなかった失敗から僕が学んだのは、ひょっとしたら「練習もトレース」かもしれないということでした。

自らの経験に基づいた先輩たちのアドバイスが間違っていないのに別のメンバーにはフィットしなかったり、よかれと思った自分なりのアレンジが逆効果だったり……。セルフコーチングスタイルが失敗に終わった理由はいくつか考えられます。

メンバーたちの練習法を改めてチェックしてみると、ポイント練習は足し算、掛け算で走力を引き上げてくれるはずなのに、ポイント練習同士が成果を打ち消し合い、引き算、割り算で走力が伸び悩んでいるケースも見受けられました。

僕の練習法のベースになっているのは自らのランナーとしての長年の経験です。加えて多くのメンバー、皇居などの練習場所で目にする市民ランナー、そしてネットを介して定点観測している数百人のアクティブランナー（↑男女半々、自己ベストは2時間半から4時間半）の練習内容、練習量、タイムの相関分析から導き出したもの。その本筋を理解したうえで自らアレンジができないとしたら、「練習もトレース」にした方がマシかもしれない……。それが本書を書き始めた動機です。

練習をトレースして10週間で自己ベストを13年ぶりに更新したCさん

レースはトレース、練習もトレース。そう思い始めた頃、ある出会いがありました。金沢在住の50代女性の市民ランナーから「私に合った練習メニューを提供してほしい」という依頼を受けたのです。

本来ならそうした申し出はお断りしています。けれど、「一度、僕たちの東京の練習会に参加してください」と誘ってお会いしたら、とても真面目なよい方だったので、例外的に引き受けることにしました。告白すると「果たして本当に練習もトレースなのか、確かめてみたい」という気持ちも心の片隅にありました。

彼女を仮にCさんとしましょう。Cさんは13年前、44歳で出した4時間44分が自己ベスト。フルマラソンのタイムは年々落ちる一方であり、地元で開催された直近のマラソン大会では、足の故障もあり、5時間25分でゴールするのがやっとでした。「このままでは念願のサブ4から遠ざかるばかり」と危機感を覚えたCさんは一念発起。知り合いの『ｃｌｕｂ ＭＹ☆ＳＴＡＲ』のメンバーを通して、僕にアプローチしたのです。

彼女の走りは前述の東京での練習会で一度見ただけ。1月から4日に1度、練習メニューのみをメールで10週間提供することにしました。すると3月のマラソン大会では、13年ぶりに自己ベストを7分更新して4時間37分を記録。直近のタイムを48分も縮めて、56歳にして自己ベストを出せたのは、練習メニューを真面目にトレースした結果でしょう。

市民ランナーなら自分の頭で考えなくても、練習メニューをトレースするだけでも速くなるかもしれない。その思いを強くしたのが、Cさんとの出会いがもたらした大きな収穫でした。

ネガティブ発言に隠れている、あなたが伸びない理由

自分でオリジナルの練習法が考えられない、もしくは期待したような成果が得られないとしたら、Cさんのように与えられた地道な練習をコツコツ反復するしかありません。冒頭に指摘したようなネガティブ発言をしている人たちは、練習もレースもトレースできないため、伸び悩んでいる可能性が高いのです。

一つひとつ検証してみましょう。

「ランナー仲間のAさんと一緒だから頑張れた」という人は、逆に言うなら自分一人では頑張れないということ。ポイント練習では、誰かと並んでトレーニングした方が乗り切れ

るケースも多々ありますが、レース本番はたった一人で行うもの。「レースはトレース」だからこそ、普段の練習から自分の意思で踏ん張る習慣付けが求められます。

「あのレースは先輩のBさんに引いてもらえたからベストが出た」という発言もちょくちょく耳にします。これも他力本願スタイルですから、引いてくれたBさんがいないレースでは「レースはトレース」にならず、思ったような結果が残せなくなります。レベルに関わらず、自己ベストを更新し続ける強いランナーは「引いてもらう」のではなく「引いてあげる」という気概を持っているものなのです。

「○○さんのレースの話を聞いて、ようやくやる気スイッチが入った」という発言の裏に隠れているのは、感情の起伏の大きさです。**モチベーションもやる気も、本人が覚悟を決めていれば落ちたり、突如としてスイッチが入ったりしないもの。**つねにあるレベルに保たれているはずです。マラソンの練習は長丁場です。他人のレース結果や感動話でいちいち感情が上下しているようでは、長丁場が乗り切れなくなります。

「練習で皇居が使えないと困ってしまう」というネガティブな発言もよく聞きます。信号がない5㎞のコースを取れる皇居は便利ですし、水曜に皇居を3周する15㎞ビルドアップは『ｃｌｕｂ ＭＹ☆ＳＴＡＲ』に限らず多くの在京市民ランナーの恒例行事化しています。

けれども、皇居以外にも、信号がなくてノンストップで走れる河川敷などのコースは探せばいくらでもあるはずです。

僕の東京の拠点は、東京駅近くにあるマンション。そこを拠点として、ウルトラマラソンのトレーニングのために東京〜小田原間の90㎞の夜間走を作り出しました。昼間は暑くて走れない季節もありますし、結果的に足元が暗くて見えない夜に走るとランニングで肝心な「ラン反射」が高まることもわかりました（ラン反射については31ページ参照）。初めは一人で始めた夜間走ですが、そのうち「一緒に走りたい」というメンバーが増えてきました。なかには、はるばる他県から何時間もかけて参加する人も出てきました。決して悪いことではありませんが、他県ならもっと走りやすいコースが作れるはずです。ただ、誰かが作り出したコースに乗っかりたい、「皇居が使えないと困ってしまう」タイプは少なくないようです。

沖縄でも同じ。僕は沖縄では那覇市を拠点としていますが、那覇在住のランナーには奥武山公園を回る1周1・2㎞のコースをはじめとするいくつかの周回コースを何年もグルグルと回っている人が大勢います。

僕はまだ沖縄在住3年目の新参者ですが、他にも地形などの特長を生かしたいろいろなコースを開拓して利用しています。土地勘がある地元ランナーに「道をよく知っていますね」とか「カーナビより詳しいですね」などと感心されますが、Googleマップと GPSウォッチがあれば、生まれて初めて訪れた土地でも練習コースを作るのは簡単。信号で足止めされない区間が最低2・5㎞取れたら、15㎞ビルドアップは簡単に行えます（行って帰って5㎞。それを1往復ごとにビルドアップして計15㎞）。それなのに「皇居が使えないと困ってしまう」のは自分でコースを探そうという気持ちがないか、もしくは地図を俯瞰で見てコースを見つけ出すのが苦手なのでしょう。

マラソンは、突き詰めるとA地点からB地点への移動に他なりません。コースを俯瞰で見るクセをつけておくと練習を消化しやすく、レースをトレースするレースマネージメントにも好影響を与えます。**どこで練習するかは想像以上に大事なポイントなのです。練習コースの開拓を他人任せにしないで、俯瞰で地図を見てオリジナルの練習コースを見つけ、練習をトレースしてください。**僕の周囲でも、ある程度のレベルに達するランナーは、決まってコースを作り出す能力に長けています。

「失敗したら嫌だから、できるだけたくさんのレースにエントリーする」というランナーも少なくありません。走りやすく好タイムが出やすいと評判の大田原マラソンと筑波マラソンは、カレンダーによって2日連続して行われる年もありますが、双方にエントリーして天気予報次第で前日までどちらに出るかを決めないという強者もいます。

大学入試が毎月あったとしたら、誰しも毎回全力を注ごうとはしないもの。あるいは、滑り止めを山のように受けていたら、本命に向かう気持ちも薄れてしまいます。

大学入試は年1回、滑り止めも最小限に留めるからこそ、本命に対して真剣に向き合うもの。それはマラソンも同じであり、「レースはトレース」を実現するコツです。うちのチームでいいタイムを狙いなく達成しているメンバーは、フルは年間2本がアベレージ。エントリーするレースを絞り、1本1本に真剣に向き合って、それに向けた練習を地道に続けてください。

練習メニューを固定するからこそ、再現性が出てくる

マラソンを人生にたとえる人もいますが、僕はそうは思いません。人生は1回きりでやり直しはききませんが、マラソンは狙いを絞っても毎年1~2回は出られます。やり直しが何回でもきくのです。

大学入試は年1回だけですが、試験問題の内容は毎年変わります。その点、マラソンは同じレースならコースは同じですし、開催日が決まっていますから、気象条件もほぼ似たようなもの。マラソンは、大学入試よりも再現性（再び同じ現象が起こること）がずっと

高いスポーツなのです。ですから、決まったレースに年1～2回出ていれば、前回の反省を踏まえて記録は少しずつよくなって当たり前。東大入試で毎年同じ問題が出るとしたら、誰でもいずれ合格するに違いないのです。

それでも記録が伸びていないなら、レースコースや気象条件といった外的な要因に原因があるのではなく、あなた自身の問題。僕はレース結果に対して間違った分析と反省をしているケースが多いと思います。

たまたま峠走の実施日に峠で小雪が舞い、メゲて平地での30km走に切り替えたところ、1ヵ月後のレースで自己ベストが出たとしましょう。嬉しくなって「峠走より30kmが効くんだ！」と思い込み、峠走をやめて30km走をメインに据えたら、その後は記録が伸び悩むこともあるかもしれません。1ヵ月後のレースで何が自己ベストを実現させたかは神のみぞ知るですが、ひょっとしたら小雪にメゲないで峠走をやっていたら、もっとよいタイムでゴールできた可能性だってあります。

ポテンシャルがまだまだあり、自己ベストを伸ばしてサブ3・5、サブ315が狙えるのに、間違った自己分析と思い込みで正しい練習法がチョイスできず、おかげでタイムが伸びないのだとしたら、そんな不幸はありません。

練習メニューをある程度固定化し、自分にとってエントリーしやすいレースに絞って年

間1〜2本出ていれば、レースの再現性は高くなり、正確な自己分析と反省が行えるようになります。世の中には多くの練習法がありますが、ある方法を試してレースに出てダメだったら、目先を変えて別の方法を試すという浮気を繰り返していると、再現性は限りなく低くなります。

マラソンに抜け道はなく、地味な努力をコツコツ続ける人が速くなります。今回の練習メニューを信じてしばらく試してみてください。それが自己ベストを出すいちばんの近道になると僕は信じています。

２０１６年10月　岩本能史

CHAPTER 1

10週間練習メニューの基本ルール

CHAPTER 2

目標タイム別・10週間練習メニュー

CHAPTER 3

岩本式マラソン練習法を徹底解説

巻末付録

CHAPTER 1

10週間練習メニューの基本ルール

10-WEEK MARATHON TRAINING PROGRAM

練習期間を10週間に設定した理由

本書で設定している練習メニューの期間は、レース本番までのちょうど10週間。サブ4、サブ3・5、サブ315、サブ3という4つの目標タイム別に、それぞれの目標タイムを切る走力を身につける練習を10週間で集中的に行います。

トレースするべきレースペースはサブ4なら5km28分（キロ5分40秒）、サブ3・5なら5km25分（キロ4分58秒）、サブ315なら5km23分（キロ4分36秒）、サブ3なら5km21分15秒（キロ4分15秒）です。**岩本式では、練習もレースも5km単位で管理するのがルール。**レースでも1kmごとにペースを上げ下げして一喜一憂するより、5kmごとに管理する方が、ペースコントロールのために費やす無駄なエネルギーのロスが防げるからです。

続いて期間を10週間に設定した理由を説明しましょう。

日本列島の梅雨から夏にかけては全国的に高温多湿であり、追い込んで走力を向上させるポイント練習はやりにくいもの。地域にもよって前後しますが、9月から10月がマラソンのシーズンインです。

そこから10週間あれば、秋マラソンにチャレンジすることが可能です。そこからもう10

週間あれば、冬マラソンでの自己ベストも射程内に入ってきます。練習メニューの期間を10週間に設定しておけば、年間2回は勝負レースに挑めるようになり、自己ベスト更新のチャンスが増えるというわけです。

生理的なバックグラウンドもあります。走力が上向くためには、筋肉が細胞レベルで生まれ変わる必要があります。筋肉は8週間から12週間で成長すると言われていますから、その間を取って10週間に設定したのです。

最後にモチベーションの問題があります。走力を底上げするには、15kmビルドアップや峠走のように、前日から思わず憂鬱になるようなハードなポイント練習が欠かせません。そして週を追うごとに練習の辛さと密度は右肩上がりでアップし続けます。

そんなハードな練習メニューをやり遂げるためには、高いモチベーションが不可欠です。練習期間を横軸、練習の辛さと密度を縦軸にプロットしてみると、横軸を長く取れば取るほど縦軸の右肩上がりのカーブは緩やかになりますが、その間高いモチベーションを保つのが難しくドロップアウトする確率が上がります。

練習期間、練習の辛さと密度の成長曲線、継続性の3者を天秤にかけた結果、最終的に練習期間は10週間にするのが、多くの人にとって継続しやすく成果が出やすいという結論に達したのです。

本書の対象ランナーは？　そしてサブ３４５がない理由とは？

本書は、走り始めたばかりの初心者は読者として想定していません。走り始めたばかりの超ビギナーは伸び代の固まりですから、たとえ自己流でも走ることを習慣にしていれば、面白いように速くなり、自己ベストが更新できるはずです。

そこから1歩進むとサブ4という目標が見えてきます。サブ4に到達するには、スタートからゴールまで立ち止まらず、走り続けることが求められます。そこで本書はサブ4を目指すランナーのための練習メニューからスタートしています。

想定している月間走行距離は最低１８０km。サブ4以上を狙うランナーの大半は恐らく１８０km以上走っているでしょう。誤解してほしくないのですが、大切なのは練習の中味であり、何km走ったかではありません。月間走行距離に比例して直線的に走力が向上するわけではないのですが、マラソンは長い距離を走り続けるスポーツですから、必要最低限の距離を踏む必要があります。僕は長年多くのランナーを観察してきた結果、**一度に走って逆効果にならない距離は、月間走行距離の6分の1までであるという「6分の1ルール」を提唱しています。**それを超えて距離を踏むと走力が向上するどころか、カラダの破壊行為になってしまう恐れがあるのです。今回の練習メニューで最長のトレーニングは30kmですから、最低月間走行距離を180kmに想定しているのです。

目標タイムは、サブ4の次はサブ3・5、サブ315、そしてサブ3とステップアップしていきます。サブ315は3時間15分切りという意味。本来なら3・5と同じく十進法で表記するなら3・25ですが、本書ではサブ315と表記します。

サブ3・5以降は15分刻みなのに、サブ4の次にサブ345（3時間45分切り）というステップを設けなかった理由を説明しておきましょう。第一の理由は、サブ345という目標が中途半端でモチベーションが上がりにくいこと。

次に設定タイムの問題です。サブ4のレースペースは5km28分。5kmについて約25秒の余裕がありますから、5km28分がクリアできたら、いきなりサブ345で走れるケースもあるのです。サブ3・5のレースペースは5km25分。ゴール予測タイムは3時間31分ですから、前半より後半ペースアップするネガティブ・スプリットを刻んで頑張るべき。サブ3・5の練習メニューの達成度が低いとサブ345で終わることもあります。

このようにサブ4の練習メニューの達成度が高いか、もしくはサブ3・5の練習メニューの達成度が下がってしまうと、結果的にサブ345になります。これらの理由からサブ345の練習メニューは割愛しているのです。

練習メニューの基本構成、登場する練習法を確認する

練習メニューは1週間単位でレベルアップします。

練習には、走力を伸ばすために行う少々骨のあるポイント練習、そして疲労を抜いて走力の低下を防ぐつなぎ練習という2つのタイプがあります。

つなぎ練習には10週間を通じて大きな変化はありませんが、ポイント練習は週を追うごとにハードになり、走力を引き上げてくれます。ポイント練習とつなぎ練習の比率は、後半になるほどポイント練習が占める割合が大きくなります。

ポイント練習には、スピードを磨くスピード練習、後半になっても粘り強く走力を発揮し続けるスタミナ（全身持久力）を養うロング練習があります。**1週間でスピード練習を1回、ロング練習を1回行う「1スピード、1ロング」が基本です。**

メニューの詳細は第3章に譲りますが、ここでも練習メニューに登場するトレーニング法に触れておきます。僕の本の読者にはおなじみのものが大半ですが、なかには本書のためにアレンジしたメニューもあります。初めての読者はもちろん、そうでない方も必ず目を通してください。詳説マーク付きの練習は、第3章で改めて詳しく解説しています。

ポイント練習

15㎞ビルドアップ

詳説▼144ページ

レースペースを作るポイント練習のキモです。レースでは血行がよくなり、筋肉の動きがほぐれる後半ほど、ペースを上げるネガティブ・スプリットを刻むのが理想。それに慣れるために5㎞ごとにペースを上げる練習が15㎞ビルドアップです。始めの5㎞より、次の5㎞は1分上げ、最後の5㎞は1分30秒もしくは1分上げになります。

9週目のビルドアップは「ソツケン（卒業検定）」と呼ばれており、始めの5㎞をレースペースで入り、次の5㎞は1分上げ、最後の5㎞は1分半上げます。このソツケンをパスすれば、自己ベストを叩き出す確率が高くなります。

●アレンジメニュー① 10㎞ビルドアップ走

5㎞⇓5㎞⇓5㎞のビルドアップが、ちょっと辛いと感じるときのアレンジメニュー。5㎞⇓5㎞のビルドアップです。始めの5㎞から次の5㎞で1分、もしくは1分30秒、または2分上げです。終わりにクールダウンのために5㎞ジョグ(ダウンジョグ)を行って疲労回復に努めてください。

●アレンジメニュー② 距離走15㎞

5㎞ごとにビルドアップするのが苦手なランナーのためのアレンジメニュー。口呼吸に近い速いペースで15㎞を走り切ります。5㎞ごとでなくても構いませんから、前半よりも後半は少しでもビルドアップする走りを目指してください。

調整ラン10㎞

最終10週目に行う調整トレーニング。疲労を残さずにレースに臨むために距離を短くしています。5㎞の本練習の前後に2・5㎞のジョグを行います。

10㎞の調整ランはちょっとした偶然で生まれました。『club MY☆STAR』定例の水曜の練習会には、週末にレースを控えたメンバーも参加します。レース前に15㎞ビルドアップをやるのはさすがにハードすぎるという理由で始めたものですが、それがどハマりして好タイムを出すメンバーが続出。定番化しました。

●アレンジメニュー　トレッドミル10km

詳説▼171ページ

寒さや大雨など悪天候で外を走るのが大きなストレスになるときは、調整ラン10kmをインドアのトレッドミルで行います。傾斜をつけると地面を蹴る悪い動きが出やすいので、くれぐれも傾斜はつけないようにします。

峠走

詳説▼148ページ

走力とラン反射を高めるポイント練習のもう一つの柱。オリジナルは足柄峠を舞台に13km上り、13km下るルートで行います。峠走の上りでは推進力と心肺機能、下りでは素早い動き（ラン反射）と着地筋がバランスよく鍛えられます。

ラン反射とは、僕の造語。ランニングで地面に接地している時間は0・2秒ほどであり、頭で考えながら走っている余裕はありません。それでも誰でも走れるのは、伸びた筋肉が反射的に縮もうとする「伸張反射」などを活用して反射的に走っているため。これをラン反射と呼ぶのです。

ラン反射が効率化するのは、カラダの真下で着地して体重を乗せたとき。足首が鋭角で曲がり、アキレス腱が伸びすぎないように伸張反射で足首を伸ばして地面を瞬時に速く強く押し、その反作用を推進エネルギーに変えて走り続けます。

蹴り出して後ろに流れた脚を前に戻すのも、引き伸ばされた腹筋や腸腰筋といった筋肉のラン反射によるもの。着地衝撃を緩和する際にも、直前に太腿の大腿四頭筋などがラン反射で事前収縮してサスペンションの役割を果たしています。

●アレンジメニュー① 起伏走

詳説▼156ページ

峠まで行く時間がなく、手近で済ませたいランナー向け。近所の大橋や坂道を往復して峠走に近いトレーニング効果を狙います。

●アレンジメニュー② 距離走25km、30km

峠走の距離に合わせて25kmと30kmがあります。

レース3週間前に30km走、2週間前にハーフマラソン（↑もしくは20km走）、1週間前にタイムトライアル10kmを済ませるのが、市民ランナーの間では定番化してきました。この30km⇓20km⇓10kmというテーパーリングをしないと調子が狂うというなら、7週目に行う峠走25kmの代わりに、距離走30kmを行います。レースペースを崩さず守るか、または前半よりも後半に少しでもビルドアップするように意識してください。

●**アレンジメニュー③　ハーフマラソン**

レース本番2週間前の8週目の土曜もしくは日曜、峠走20㎞の代わりに行うアレンジメニューです。レースの雰囲気を味わい、本番と同じようにビルドアップして走ります。同じ週の水曜の15㎞ビルドアップと同じペースで走り、最後の6㎞は潰れても構わないという気概で一層ペースアップしてみてください。

ペース走

前半（4週目まで）は、まだ峠走をこなすだけの体力と走力が整っていないランナーが大半。峠走はダメージが残りますから、後半に入っても毎週行うとリスクが伴います。それを避けるためにもう一つのロング練習として取り入れるのがペース走。レースペースよりやや遅いペースを守って走ります。90分から、120分、150分と時間を延ばします。

●**アレンジメニュー　トレラン**　詳説▼161ページ

峠走とトレランを混同する人もいますが、レースと同じ舗装路で行う峠走と、足元が悪くトレイルで行うトレランは似て非なるもの。トレランでは、下りで悪い走りがインプットされる恐れがあるため、仕上げに舗装路を下ってリセットしてください。

タイムトライアル10km

詳説▼158ページ

決めた距離をレースペースより速いペースで走り切るトレーニング。TTと略されます。ソツケンを終えた9週目の土曜に実施。通常はトラックで行いますが、岩本式TTはロードで。30km⇒20km⇒10kmという人気のテーパーリングに従って距離は10kmです。

セット練

＊ポイント練習の翌日にセットで行う練習（後述）

インターバル

詳説▼164ページ

15kmビルドアップの翌日、再度刺激を入れて超回復を狙うセット練として行うのが、インターバル。岩本式インターバルは、市民ランナーでも全力が振り絞れるように、1本あたりの距離を短くしているのが特徴。サブ3は1000m×1本＋200m×5本の組み合わせになっていますが、それ以外の練習メニューでは600m×1本＋200m×3本を組み合わせたコンパクトなインターバルを提案しています。

●アレンジメニュー　ステップマシンor階段昇降

詳説▼166ページ

15kmビルドアップの翌日、セット練で行うインターバルのアレンジメニューにジムのステップマシンと階段昇降をリストアップしています。2日連続雨や雪などの悪天候に見舞われたときなどに、インドアでセット練として取り組んでください。

ステップマシンは始めの5分はウォーミングアップで、あとは1分ごとに負荷レベルを上げて15分間、最終的には心拍数が170拍以上になるまで追い込みます。

階段昇降は、ジムにステップマシンがない、あるいはあるけれど、ジムに行けないときのもう一つのアレンジメニュー。ステップマシン15分の代わりなら15階分、自宅マンションやオフィスなどの階段を上り下りします。

スピード走1000m

9週目の土曜に行うタイムトライアル10㎞のセット練。レースペースより速く走り、短時間で効率的なトレーニングを行って走りにキレを出します。ビルドアップと違って最初からフルスロットルなので、事前に10分間のジョグで筋肉を温めるウォーミングアップを行います。

2時間歩行

詳説▼168ページ

7週目に行う日曜のセット練に導入するアレンジメニュー。キロ9分30秒で13㎞ほど歩きます。日頃走っているランナーにとってウォーキングはまったく別の運動。違う筋肉の使い方でカラダを酷使して、セット練の効果を高めてくれます。

●アレンジメニュー　ステップマシンor階段昇降

詳説▼166ページ

インターバルのアレンジメニューであるステップマシンと階段昇降と同じものです。ステップマシンは10分間、前述のように始めの5分はウォーミングアップであり、あとは1分ごとに負荷レベルを上げて最終的には心拍数が170拍以上になるまで追い込みます。階段昇降で代替するなら、自宅マンションやオフィスなどの階段を10階分上り下りします。

つなぎ練習

ジョグ

ジョギングです。ペースを決めず、鼻でラクに呼吸ができるペースで自由に走ります。活動汗腺や毛細血管を活性化し続けて、ランナー体質を維持しながら、血液循環を促して疲労回復を助けるのが狙いです。水泳選手が泳がないとスイマー体質が保てないように、ランナーも走り続けておかないとランナー体質はキープできないのです、

ジョグはストレスにならないように気分よく走るのが鉄則ですが、気分がよくなってしまって走りすぎるのはNG。つなぎ練習で疲れて切ってしまい、ポイント練習が満足にこなせなくなったら本末転倒です。

星（★）の数で練習メニューの重要度と達成度がわかる

月に何キロ走ったかという月間走行距離は「これだけやったのだから、きっと大丈夫」というお守りのようなもの。サブ4には月間250km以上必要だとか、走り込み期間は月間400km以上が当たり前といった噂を信じる人も少なくありません。

しかし現実には、月間走行距離が150kmでサブ3ができるランナーもいれば、月間走行距離が350kmでもサブ3・5の手前で足踏みするランナーもいます。その違いは、果たしてどこから来るのでしょうか。

お守りが欲しいランナーは走行距離というボリュームに目を奪われがちですが、それ以上に大切なのはその中味。質の高いポイント練習ばかりで月間150kmなら、サブ3を勝ち取れても何の不思議もありません。逆に月間350kmの80%が距離を稼ぐスローペースのつなぎ練習ばかりでポイント練習が70kmしかなかったとしたら、月間350kmでもサブ3・5を突破できないのは当然です。

この10週間練習メニューは、つなぎ練習よりもポイント練習のボリュームが多いうえに、ポイント練習の中味＝重要度がひと目でわかるように星の数で評価をしています。たとえば、15㎞ビルドアップなら最低3つ星（★★★）、峠走なら4つ星（★★★★）以上、9週目に行うソツケンは特別に8個の星がつくといった具合です。

星の数が多いポイント練習は質がそれだけ高く、走力を引き上げて自己ベストを叩き出す原動力となってくれます。それだけ中身はハードですが、こういう質の高い練習の積み重ねこそがランナーを強くします。アテネ五輪女子マラソン金メダリストである野口みずきさんの「走った距離は裏切らない」という言葉は多くの市民ランナーの励みになっていますが、**裏切らない練習は中味が濃くて質の高いものに限られるのです。**

星によるポイント練習の判定は、10週間練習メニューの達成度の評価につながります。どんなに優れた練習メニューでも、その通りトレーニングしなければ、まさに絵に描いた餅。「レースはトレース」とはなりません。それを避けるために10週間のトレーニングを終えたら、獲得した星を集計してみましょう。

10週間で星の数は全部で100個。サボるのは論外で星ゼロですが、設定されたタイム、時間、距離に届かない場合も星獲得とはなりません。減点なしで100個の星が集められたら、目標タイムを成就できる確率は100％。90個なら90％、80個なら80％と考えてください。100個獲得するのがベストですが、多少の星の取りこぼしはあるでしょう。それでも少なくとも85個以上、できれば90個以上を目指すようにしてください。

言い訳をするワケではありませんが、星を１００個すべて集めたとしても、目標タイムが切れない場合もあると思います。「レースはトレース」であり、スタートラインに立ったときに99％の作業は終わっているのですが、レース前日と当日の行動、あるいはレース中のペースと補給の善し悪し次第では、残りのたった１％が足を引っ張って目標タイムが切れないこともあるのです。そのあたりの注意事項について簡単なチェックリストを用意しましたので、１７３ページからの巻末付録を参照してください。

アレンジメニューのご利用は計画的に

前述のように、このプログラムには基本となるメニュー以外にも、多くのアレンジメニューを用意しています。これまで僕の元には「15kmもビルドアップをするのはしんどい」とか「峠走が効果的なのはわかるけれど、峠には行けないから、同じような効果が得られる練習法を教えてほしい」といった声が多く寄せられていました。従来は「黙ってビルドアップして、峠へ行け。その価値は絶対あるから」と頑なだったのですが、少し柔軟にメニューを組んでみました。

ただし、アレンジメニューの走力アップ効果は基本メニューには及びませんから、重要度を示す星の数は少なくなります。**アレンジメニューばかりを選んでいると、練習メニューの最終的な達成度が低くなり、目標タイムを切る確率が下がります。**「アレンジメニューの方がラクそうだから、毎回こっちで行こう」と安易に考えるのでなく、「今週はどうしても峠に行く時間が取れないから、例外的にアレンジメニューの起伏走を選ぼう」といった感じで計画的に利用してください。

半面、基本メニューには細かなアレンジ不要です。この方法で多くのメンバーの自己べスト更新をサポートしてきましたから、黙ってこの通りに試してみてください。**基本メニューを自己流で変えてしまうと、定点観測ができなくなり、タイムが伸びなかったときに何が原因だったのかがわからなくなります。**また自己流でアレンジしたばかりに、前後のポイント練習が足を引っ張り合い、１＋１が１になったり、ひどいときにはマイナス１になったりするリスクもあるのです。

1＋1＝3にするセット練を導入する

「はじめに」で触れたように、練習メニューを公開するきっかけとなったのは、練習内容に口出ししなくなった結果、ポテンシャルを発揮できないメンバーが出てきたからです。ポイント練習は組み合わせが悪いと、せっかく努力しても効果を打ち消し合うケースもあるのですが、逆に練習の組み合わせ方次第では1＋1＝3にすることも可能。それが2日連続のポイント練習でトレーニング効果を高めるセット練習、略してセット練です。

昔も今でも、陸上長距離ではセット練が主流。往年の名ランナーである瀬古利彦さんも現役時代、「1000mのインターバル走を30本、キロ3分5秒から始めて最後の10本は2分45秒まで上げて走り、翌日セット練で東宮御所を15周する50㎞走をしていた」とフィットネス誌のインタビューに答えています。

ハードなポイント練習を行った翌日、内臓などに加わったダメージは回復していますが、足腰には疲労がまだ残っています。見方を変えるとレース途中で疲れ切った状況がシミュレートできているのですから、このチャンスをみすみす逃してダラダラ休んだり、つなぎ練習をしたりしている場合ではありません。連チャンのポイント練習で刺激を入れてあげると、その後筋力などの体力が疲労から回復するプロセスで以前より成長する「超回復」が得られて1＋1が晴れて3になるのです。

僕は市民ランナーの鉄板メニューである30㎞走には否定的でしたが、セット練を組むなら30㎞走も「アリ」。

ランナーは不安になると、30㎞走をやってみたいもの。それでも僕が30㎞走否定派だったのは、マラソンで本当に苦しいのは30㎞地点を過ぎてからなのに、30㎞でやめたら疲労が溜まるばかりで、不安の解消にすらつながらないと考えるからです。

けれど、市民ランナーの練習メニューを俯瞰で見ていると、すでに触れたように3週間前に30㎞走、2週間前にハーフマラソン（↑または20㎞走）、1週間前に10㎞走というテーパーリングを行うのが主流。読者にも、30㎞⇓20㎞⇓10㎞というやり方を続けているランナーも少なくないでしょう。アレンジメニューでランナーの一般常識化しつつある30㎞⇓20㎞⇓10㎞を取り入れましたが、そこで忘れてほしくないのがセット練です。

レース3週間前の30㎞走を無駄に終わらせないために、翌日はセット練でレースペースより速いラップでスピード走1000m、もしくはステップマシンか階段昇降を行います。これでレースの30㎞以降も踏ん張る力がついてきます。2週間前の20㎞走は岩本式では峠走25㎞が基本メニュー。こちらも翌日はセット練でレースペースより速いラップでスピード走1000m、もしくはステップマシンか階段昇降を行ってください。

トラック練習はあえて行わない

ひと昔前まで市民ランナーでトラック練習を行う人は少数派でしたが、近年ではサブ3・5を狙うレベルあたりから、ロードでの練習に加えてトラックでの練習を行うランナーが増えてきています。とくにこの練習メニューにも取り入れているインターバルやタイムトライアルのようなスピードを重視した練習は、フルフラットで飛ばしやすいトラックで練習するランナーが多いのです。しかし、今回の練習メニューには、あえてトラック練習を入れていません。

チームのメンバーにも30㎞走とトラック練習の組み合わせで3時間そこそこまで届いた女性もいますが、それは元々が陸上部並みの資質の持ち主。メンバーでサブ3に到達した女性でも、まったくトラック練習をしていないケースもあります。

僕は陸上部出身ですから、トラック練習に馴染みは深いのですが、メンバーには勧めていません。「別のクラブの○○さんがトラック練習で強くなったみたいなので、自分もやってみたい」というメンバーを無理やり制止したりはしませんが（↑制止したとしても、どうせこっそりトラック練習をするに決まっていますﾞ）、「やった方がいいのですか？」と疑問形で聞いてくるメンバーには「やらなくていいよ」とアドバイスしています。

僕の指導の出発点になっているのは、子どもの頃にかけっこが決して速くなかった大多数の大人たちの敗者復活戦をサポートしたいという考え。子どもの頃からかけっこが速く、陸上部に所属していたか、あるいは陸上部に入らなくてもそれに近い脚質（↑僕は陸上脚、または陸脚と呼んでいます）を持っているタイプは、トラックでの練習がプラスに働く場合があります。でも、それ以外の**大多数のランナーにとってトラック練習はプラス面より、マイナス面の方が大きいのです。**

何よりもマラソンが行われるのはロードであり、トラックではありません。トラックで練習した走力が、本番で発揮できる保証はどこにもありません。

そしてトラックで走ると、カラダに少なからぬダメージが及びます。トラックは1周400mですが、そのうちの直線はわずか160m程度。それ以外はカーブであり、しかも左方向にしか回らないというルールがあります。それによって偏ったねじれが足首や膝、股関節に加わり、故障を招くこともあります。レース前の30㎞走をうっかりトラックでやってしまったため、膝を壊して失敗レースに終わったという事例もあります。

僕は24時間走のアジア選手権で2位になった経験があります。そのレースは400mトラックで行われました。結局618周したのですが、そのときは4時間ごとに反転して右回りで走りました。これは僕が涙ながらに懇願したわけではなく、トラックを一定方向で走り続けるデメリットをきちんと踏まえて、24時間走の国際大会のレギュレーションでそう決められているのです。

サブ315、サブ3を狙うレベルのランナーには、陸上経験者も少なくないと思います。中学、高校と成長期にトラックで練習してカラダが慣れているのであれば、トラックで練習しても大きなダメージは残らないでしょう。けれど、トラックに慣れていない敗者復活戦を戦うランナーが、陸上経験者に「スピードがつくから、やった方がいいよ」と勧められてトラック練習に取り組むのは明らかに間違い。得るところより失うものの方が大きいと僕は思います。

強い脚は誰でも作ることができますが、速い脚は限られた一部の人しか作ることはできません。マラソンランナーのトレーニングの主戦場は、トラックではなく、あくまでロードであるべきなのです。

5週間練習したら、メディカルチェックを行う

ランナーに限らず、運動を継続的に行う人は健康状態をつねにチェックしておくべきです。運動は筋肉のみならず、内臓にも少なからぬダメージを与えます。そのダメージから回復しないとパフォーマンスが下がる恐れがあるのです。

自らの経験から走力的に余裕でこなせるはずの練習メニューが辛く感じられたり、つなぎ練習で行う鼻呼吸のジョグがキロ7分以上かかったりする場合には、内臓へのダメージが足を引っ張っていることも考えられます。全体の半分である5週間の練習を終えたら、一度メディカルチェックをしてみましょう。

メディカルチェックというと大げさに聞こえますが、人間ドックに入ったりする必要はありません。血液検査で栄養状態と肝機能をチェックするのです。病院は健康な人が行くところではないので、「マラソンで自己ベストを出したいから、血液検査してください」と頼むわけにはいきませんが、内科で「どうも貧血っぽいようです」とか「疲れやすくて困っています」と訴えると丁寧に調べてくれます。

ランナーの栄養状態を判断するのに重要なのは、第一にアルブミン値です。

アルブミンは血液中にもっとも多く含まれているたんぱく質。アルブミン値が低いと低栄養でたんぱく質が足りていない恐れがあります。

アルブミンには血液量を保つ働きがあり、アルブミンが足りないと血液量が減ってしまうため、心拍数が上がりやすくなり、同じ強度の練習をしても心拍数が上がりやすく、辛く感じることもあります。血液量は体重60kgで5ℓほど。血液量が減ると、少なくなった血液を効率的に利用するために心拍数が上がりやすいのです。

そしてランナーにとって大事な筋肉は、水分を除くとほとんどがたんぱく質。ポイント練習は筋肉の少なからぬ破壊を伴いますから、破壊した筋肉を再生させて強くするには、材料となるたんぱく質の摂取が不可欠です。

一般的にたんぱく質は体重1kgあたり、0・8〜1・0g必要だとされています。体重60kgなら1日48〜60g、70kgなら56〜70gです。しかし、10週間練習メニューのような激しい運動を行うときには体重1kgあたり、1・2〜1・5gは摂っておくべきです。体重60kgなら1日に72〜90g、70kgなら84〜105gです。

たんぱく源となるのは、肉類、魚介類、大豆・大豆食品、卵、牛乳・乳製品など。肉類や魚介類なら手のひらサイズの100g前後でたんぱく質が20g前後摂れます。なかでも青魚に含まれているオメガ3脂肪酸は、赤血球の膜の成分となり、その柔軟性を高めて血液循環を促す作用があると言われています。この他、木綿豆腐1丁（300g）なら20g、納豆2パック（100g）なら16g、卵（L玉）1個で7g、牛乳コップ1杯（200㎖）で7gのたんぱく質が摂取できます（↑いずれも概算）。

これ以外に、チームメンバーの多くは豆乳を愛飲しています。豆乳には牛乳と同じくらいのたんぱく質が含まれているうえに、牛乳のようにお腹を下す（↑これを乳糖不耐症と言います）心配がなく、骨を作るカルシウムとマグネシウムなどの栄養素もバランスよく含まれているからです。

サプリで補うべき栄養素

メディカルチェックで続いて目を向けるべきは、ヘモグロビン値。

ヘモグロビンは、ランナーに欠かせない酸素を血液中で運んでいる赤血球の主要成分。たんぱく質と鉄分が合体したものです。赤血球中のヘモグロビンが減った状態が貧血。ヘモグロビン値の正常値は男性で13～16g／dℓ、女性で12～15g／dℓです。これを下回る貧血に陥ると、筋肉の酸素不足からスタミナが落ちて走力がダウンします。

ランナーに多いのは溶血性貧血と鉄欠乏性貧血。着地のたびに、足裏を流れている血液中の赤血球の膜が衝撃で破れて、漏れ出すヘモグロビンが増えるのが、溶血性貧血の原因。食事からの鉄分摂取が少なすぎたり、発汗で水分とともに鉄分を失ったりして起こるのが、鉄欠乏性貧血です。たんぱく質が足りないとヘモグロビンの機能が落ちて酸素不足になりますから、鉄欠乏性貧血の予防にはたんぱく質に加えて鉄分の摂取が欠かせないのです。

鉄分には、レバーや貝類などに多い動物性のヘム鉄、ひじきや海苔や小松菜といった植物性の非ヘム鉄があります。体内への吸収率はヘム鉄で15～25%、非ヘム鉄ではわずか5%に留まっています。安価で鉄分が豊富な食材の代表選手は干しひじき。100g(↑煮る、または蒸した後に干して乾燥させたもの）中50㎎以上の鉄分が含まれているとされており、貧血予防にひじきを食べている人は少なくありませんでした。けれど、2015年末、15年ぶりに改定された『日本食品標準成分表2015年版』では、干しひじきの鉄分量は100g中6・2㎎に変更されています。15年間という歳月を経てひじきがじわじわと鉄分を失ったわけではなく、現在一般的なステンレス鍋で調理したひじきを調べてみたところ、およそ9分の1しか含まれていなかったのです（←現在でも鉄鍋で調理した干しひじきは100g中50㎎以上の鉄分を含みますが、ほとんど市販されていません）。

ひじきに頼れないとなると、手っ取り早く鉄分を摂取するならサプリメントを利用した方がよいと思います。教科書的には必要な栄養素は食事から摂取すべきですが、それは一般人の場合。よりハードな練習をするランナーには、足りないケースも出てきます。使えるものは何でも使うべき。サプリの方が経済的でもあります。

貧血予防に効果的なサプリをもう一つ紹介します。それは僕のブログの読者にはおなじみのL-グルタミンです。

グルタミンはアミノ酸の一種。筋肉を構成しており、ハードな練習をして筋肉が消耗すると不足気味になります。それも貧血の一因です。僕はバッドウォーターに向けて走り込みをしているときに血液検査を受けたところ、12・6g／dℓと貧血気味だったことがあります。そこでL-グルタミンの摂取量を増やし、1週間ごとに血液検査でヘモグロビン値をチェックしたところ、13・1→13・6→14・1と3週間で貧血が解消できました。

この他、グルタミンは免疫細胞のエネルギー源となり、免疫力を維持してくれるというありがたい働きもあります。風邪を引いてポイント練習で追い込めなくなったり、レース前に体調不良を起こしたりしたら困りますから、メンバーには日頃からL-グルタミンを摂るように勧めています。アミノ酸にはL型とD型がありますが、体内で活躍するアミノ酸はすべてL型。なのでサプリでグルタミンを摂る際も、L型のL-グルタミンをチョイスします(←どちらにしようと悩まなくても、D型のグルタミンは天然界に存在しません)。

そしてメディカルチェックで見逃せないのは肝機能の状況です。

ランニングでは内臓にも大きな負担が加わります。なかでも、いちばん影響を受けるのは肝臓。運動で使うエネルギー源をせっせと作り、運動で生じたアンモニアなどの老廃物や疲労物質を一手に処理しているのは、肝臓に他ならないからです。

肝機能の指標にはいろいろな数値がありますが、ランナーが注目したいのはGOT(AST)。GOTは肝細胞で作られている酵素であり、アミノ酸やエネルギーの代謝で重要な働きを担っています。過労などで肝細胞が壊れると血液中へ漏れ出し、数値が31IU/ℓ以上になると肝機能の低下が疑われます。

低下した肝機能の回復に有効なのは、オルニチン。オルニチンもアミノ酸の一種です。オルニチンには肝臓を保護する働きがあり、ヨーロッパでは肝機能改善のために医薬品に含まれています。アメリカではアスリート向けサプリメントの代表であり、肝機能の低下によるパフォーマンスの低下を防ぐために用いられています。オルニチンはしじみなどに含まれていますが、毎日のように大量のしじみを食べるのは現実的ではありませんから、サプリメントを利用するのが効率的です。

僕はランナー向けにL-グルタミンとオルニチンの原末の通販をしています。原末とは添加物や不純物を一切含まないもの。他に通販しているところがほとんどないので、販売を開始した瞬間に売り切れるほどの人気ぶりです。

なかでもL-グルタミンとオルニチンをセットにしたものが、いちばん好評。僕自身も愛用者ですが、多くのリピーターがいるという事実は、ランニングをサポートする何らかの効果を実感している証拠だと思います。

練習前の4種の動的ストレッチで動きを劇的に改善

僕の本をチラ見でも読んだ経験がある方ならご存知だと思いますが、僕の練習ではウォーミングアップも静的ストレッチも行いません。

運動前はカラダを温めて血行をよくするのが鉄則ですが、忙しい時間をやりくりして練習している社会人にとってウォーミングアップに割く時間すら惜しく感じるもの。ポイント練習の15kmビルドアップなら、スローで入る最初の5kmでカラダは温まりますし、峠走でも始めの上りではどうあがいてもペースアップできませんから、ウォーミングアップの代わりになります。峠走と並ぶロング練習であるペース走は、スピード練習と比べてタイムは抑えめですから、やはりウォーミングアップは不要。つなぎ練習のジョグはそれ自体がウォーミングアップのようなものです。

運動前の静的ストレッチはマイナスだというのは、いまではスポーツ界の常識になっています。ラン反射に限らず、運動では筋肉が一度縮んでから反射的に伸びる伸張反射を活用します。ところが、**静的ストレッチでは、筋肉をゆっくりじわじわ伸ばして伸張反射を抑制するため、その後で運動を行うと動きが悪くなってしまうのです。**付記すると、静的ストレッチに、筋肉を温めるウォーミングアップ作用はありません。

ウォーミングアップも静的ストレッチも不要ですが、この練習メニューで走り出す前に必ずやってほしい動きがあります。それが動的ストレッチ。**動的ストレッチとは、反動を使いながら筋肉と関節をダイナミックに動かすコンディショニング術。**ラジオ体操やサッカーなどでおなじみのブラジル体操が、動的ストレッチの典型例です。

動的ストレッチは伸張反射を活性化させますから、ラン反射が起こりやすくなります。さらに動かしている部分が少し温まるまで行うと、ウォーミングアップの代わりとして使うことができます。

所要時間にしてトータル2〜3分ですが、この4つの動的ストレッチを2015年に始めてから、僕はかなり調子がよくなりました。実はこの年、僕はバッドウォーターにエントリーしておきながら、出場できませんでした。太腿後ろ側のハムストリングスを傷めたからです。けれど、この動的ストレッチを走る前に欠かさず行うようになってからは、ハムの痛みが軽くなり、また走れるようになりました。

まったくの偶然ですが、テニスとバスケットボールの超人もこの4つの動的ストレッチを取り入れています。テニス界の超人はノバク・ジョコビッチ選手。世界ランキング1位であり、われらが錦織圭選手の最大のライバルとして日本でもその名声は轟いています。

そしてバスケ界の超人は、NBAゴールデンステート・ウォリアーズに所属するステフィン・カリー選手。日本では知名度は決して高くありませんが、NBAで3ポイントシュートの驚異的な年間新記録（↑82試合で402本！）を打ち立てたスター選手です。

この二人のウォーミングアップの画像を観ていたら、二人とも僕と同じ動的ストレッチを行っていてあまりの偶然に驚きました。ジョコビッチ選手もカリー選手も、マラソンにたとえるとサブ2を狙える位置にいる超トップアスリート。彼らと同じ動的ストレッチを練習前の習慣にしていれば、走りのキレはずいぶんよくなるに違いありません。

次のページで、実際のストレッチ法を紹介しますので参考にしてみてください。

岩本式動的ストレッチ

僕が練習前に行う動的ストレッチは4つだけ。それぞれ10回を目安に行います。

下半身の動的ストレッチ ①

まっすぐに立ち、片手を壁などに添えて、片脚を伸ばしたまま股関節から前後に大きくスイングする。左右を変えて同様に行う。

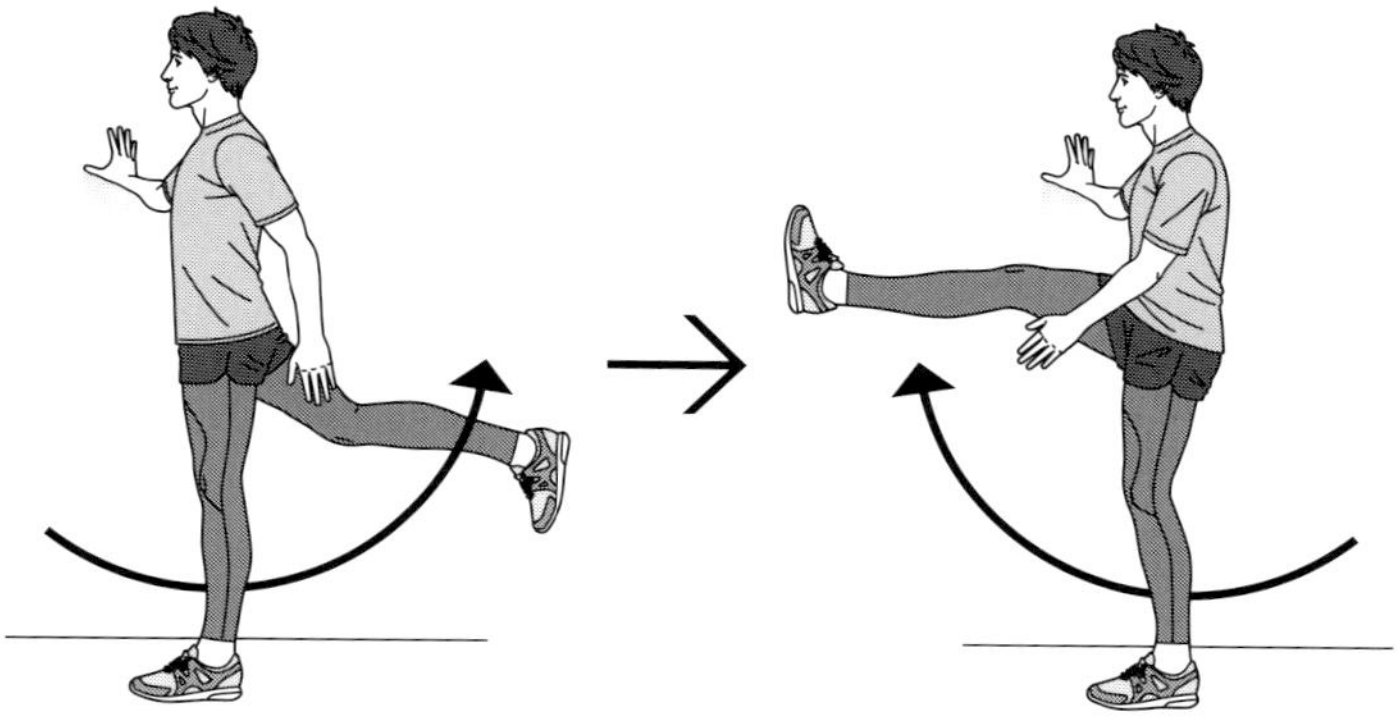

下半身の動的ストレッチ ②

まっすぐに立ち、壁などに両手を当てて、片脚を伸ばしたまま股関節から左右に大きくスイングする。左右を変えて同様に行う。

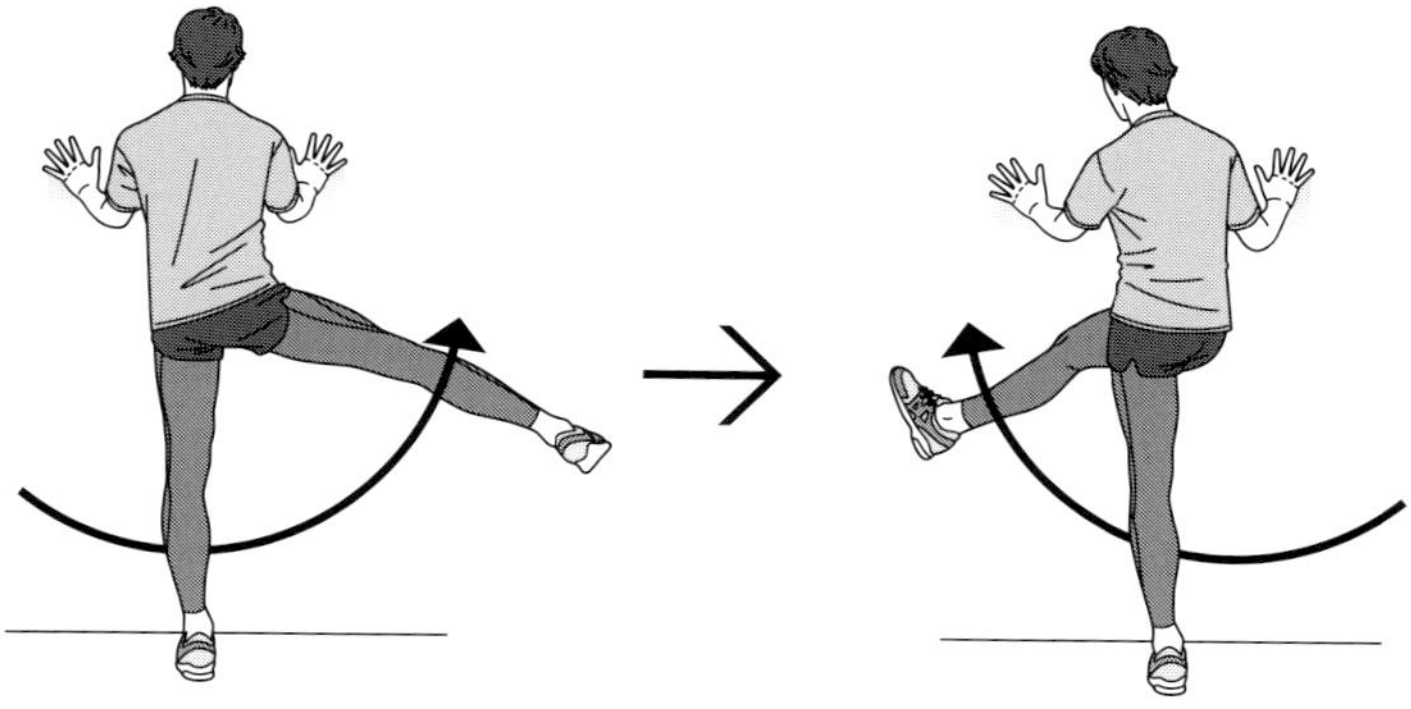

上半身の動的ストレッチ ①

両脚を肩幅より少し広めに開いて立ち、上体を股関節から前傾して地面と平行にする。背骨を軸に両腕を伸ばして風車のように左右交互に動かす。

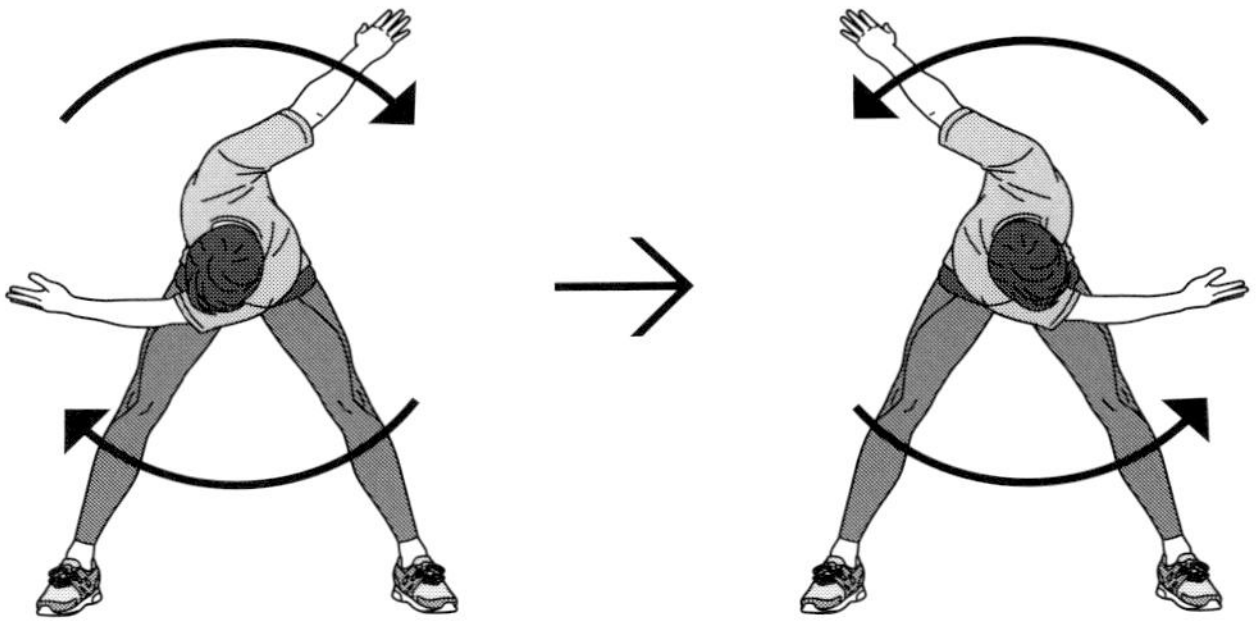

上半身の動的ストレッチ ②

両脚を肩幅より少し広めに開いて立ち、背骨を軸に両腕を伸ばして風車のように左右交互に動かす。

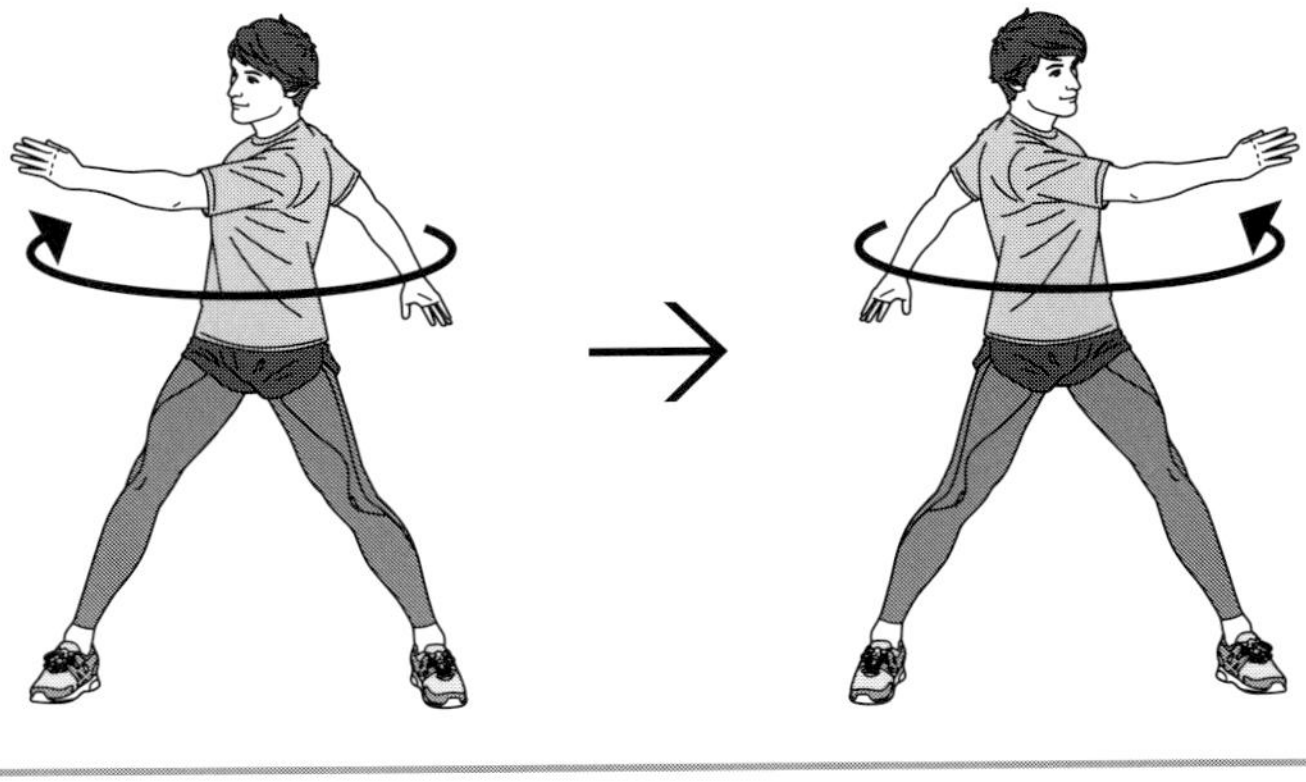

COLUMN 01

「ロキソニン」の副作用に要注意！

代表的な鎮痛解熱剤に「ロキソニン」があります。頭痛や生理痛に悩む人が服用するケースが多いようですが、マラソンやウルトラマラソンのランナーにもレース中の痛みを緩和するためにロキソニンを飲む人もいます。

何を隠そう、僕も2002年からレース中や練習中に飲んでおり、過去の著作でも推奨していたこともあるのですが、2014年からロキソニンとはきっぱり縁を切りました。ロキソニンが胃出血やむくみの原因だとわかったからです。

ロキソニンには、痛みや発熱のもととなる炎症物質プロスタグランジンの生成を抑えて鎮痛や解熱の作用を発揮します。ところが、プロスタグランジンには内臓の粘膜を守る作用もあるため、副作用として胃が荒れて出血が起こったり、腎臓がダメージを受けてむくみが生じたりするのです（ロキソニンは胃で直接作用せず、腸で吸収されてから薬効を発揮して、胃などに悪影響を与えます）。このため、ロキソニンは空腹時の服用を避けるように指示されていますし、胃を守る成分を配合したり、胃薬を同時に処方されたりします。

ロキソニンに限らず、医薬品にはメリットとデメリットがあり、副作用は付きものです。とはいえランニングは内臓を含めた全身をフルに使う総合的な運動であり、副作用で内臓がダメージを受けると疲労が起こってペースが上げられなくなります。

僕は胃出血やむくみがロキソニンのためだと思わず、長い距離を走っていれば、自然にそうなるものだと信じ込んでいました。しかし、「ザイオン100」というアメリカの160㎞のトレイルレースに出場した際、思いつきでロキソニンなしに走ったところ、胃出血もむくみもなく快走できたことから、「ひょっとしたらロキソニンで内臓がいじめられて、パフォーマンスが下がっていたのかも！」と遅まきながら覚醒。それ以降、ロキソニンを卒業しました。

では、レース中の痛みにはどう対処すべきでしょうか。答えは簡単。糖質を含むサプリメントやエナジードリンクを摂ればいいのです。物理的な障害を除くと、レース中の痛みの正体は脳からのドクターストップ。「こんな辛い運動を続けるとエネルギー不足になり、オレらが困るからいい加減にやめてくれ」という警告を伝えるために、痛みや疲れをSOSとして発しているのです。ですから、糖質を含むサプリメントやエナジードリンクを摂ると脳はエネルギー不足が解消されたと思い込んで（←本当はぜんぜん足らないのに！）、痛みや疲れが一時的に消えます。実際、ザイオン100のときはロキソニンの代わりにエナジードリンクを飲み、痛みを感じることなく完走できました。

CHAPTER
2

目標タイム別・10週間練習メニュー

10-WEEK
MARATHON TRAINING
PROGRAM

sub-4
week 1
サブ4／1週目

基本メニュー中心で日々の練習を習慣化する

	アレンジメニュー	重要度
	● **10kmビルドアップ** 29'00''➡27'30''+**ジョグ**5km **or** ● **距離走15km**（キロ5'50''）	★★½
	● **トレラン**90分 ＋ 舗装路の下り500m	★

10週間のトレーニングを成功させるポイントは、練習の習慣付けです。水曜と土曜のポイント練習で100%力を出すために、つなぎ練習のジョグで走力を保ちつつ、オフ日は疲労を抜きましょう。そして習慣化のために、初めのうちはなるたけアレンジメニューに頼らず、基本メニューを選んでください。

15kmビルドアップは、始めの5kmより次の5kmは1分上げ、最後の5kmは1分30秒上げが基本ですが、1週目は最後の5kmも1分上げに留める抑えめの練習内容になっています。最後の5kmがレースペースの28分ジャスト。水曜のビルドアップと土曜のペース走が想定通りに走れたら、10週間後にサブ4ランナーになる走力は備わっています。自信を持ちましょう。

曜日	基本メニュー	重要度	
月	● **ジョグ** 45分	⯨	
火	オフ		
水	● **15kmビルドアップ** 30'00'' ➡ 29'00'' ➡ 28'00''	★★★	
木	オフ		
金	● **ジョグ** 45分	⯨	
土	● **ペース走** 90分 (キロ6'00'')	★	
日	オフ		

sub-4
week 2
サブ4／2週目

設定ペースをこなせなくても、攻めの姿勢を貫いて

	アレンジメニュー	重要度
	● **10kmビルドアップ** 29'00''➡27'00''+**ジョグ**5km　**or** ● **距離走15km**（キロ5'45''）	★★★
	●**トレラン**90分 ＋ 舗装路の下り500m	★★

注目したいのは水曜。15kmビルドアップの始めと次の5kmは先週と設定ペースは同じですが、最後の5kmはセオリー通り、1分30秒上げの27分30秒になっています。1週目から30秒しか速くなっていませんが、10km走ったあとですから「30秒しか」ではなく「30秒も」速くなっていると感じはず。なかには後半バテて、最後の5kmが29分30秒かかったりするケースもあるでしょう。でも、一生懸命走ってタイムが落ちたのなら、タイム的にはビルドアップしていなくても、身体的にはビルドアップできています。まだ8週間もありますから。落ち込んで弱気にならず、来週も設定通りにペースを上げてください。このように攻めるタイプが結果的に強くなります。

土曜のペース走とつなぎ練習のジョグは1週目と同じ設定です。

曜日	基本メニュー	重要度
月	オフ	
火	●**ジョグ**45分	⯪
水	●**15kmビルドアップ** 30'00''➡29'00''➡27'30''	★★★★
木	オフ	
金	●**ジョグ**45分	⯪
土	●**ペース走**90分（キロ6'00''）	★★
日	オフ	

sub-4 week 3
サブ4／3週目

土曜のペース走を上手にクリアすべし

	アレンジメニュー	重要度
	● **10kmビルドアップ** 28'30''➡27'00''+**ジョグ**5km **or** ● **距離走15km**（キロ5'42''）	★★★
	● **トレラン**120分 ＋ 舗装路の下り500m	★★★

水曜の15kmビルドアップの入りが30秒速くなり、29分30秒になっています。けれど、最後の5kmは先週と同じ27分30秒ですから、頑張ってペースをキープしてみてください。

土曜のペース走もペースがキロ5秒速くなり、時間も120分に延びています。まだ発展途上ですから、100分しかできないこともあるでしょうが、翌日借りを返そうと残りをやらないでください。疲労が溜まり、来週のビルドアップに差し障る恐れがあります。2kmほど走って「このペースであと100分走るのは無理っぽい」と思ったら、勇気を持って練習を早々に中止。おそらく水曜の疲労が抜け切っていなかったか、金曜に飲みすぎたか、睡眠が足りなかったかのいずれかでしょう。翌日曜に再度トライしてみましょう。

曜日	基本メニュー	重要度
月	オフ	
火	●**ジョグ**45分	☆(半分)
水	● **15kmビルドアップ** 29'30''➡28'30''➡27'30''	★★★★
木	オフ	
金	●**ジョグ**45分	☆(半分)
土	●**ペース走**120分(キロ5'55'')	★★★
日	オフ	

sub-4
week 4
サブ4／4週目

インターバルが新登場。セット練で走力を底上げ！

	アレンジメニュー	重要度
	● **10kmビルドアップ** 28'00''➡26'30''+**ジョグ**5km　**or** ● **距離走15km**（キロ5'36''）	★★★
	セット練 ● **ステップマシン**15分：ウォームアップ5分+1分ごとに負荷を上げ、心拍数170まで追い込む。**or** ● **階段昇降**15階分	★
	● **トレラン**120分 + 舗装路の下り500m	★★★

４週目から新たなトレーニングとして、木曜にインターバルが加わります。水曜の15kmビルドアップで疲れたカラダに２日連続でダメージを加えて、超回復を促して走力アップを狙うセット練です。

インターバルといっても、距離もペースも抑えめですから、身構えるほどエグいものではありません。アレンジメニューのステップマシンや階段昇降に逃げたりせず、トライしてみましょう。疲れたカラダにムチを打って走っているのですから、最後の１本でタイムが落ちたとしてもOK。

15kmビルドアップとそのアレンジである10kmビルドアップの設定タイムも、３週目より30秒ずつ速くなっています。

曜日	基本メニュー	重要度
月	オフ	
火	● **ジョグ** 45分	★
水	● **15kmビルドアップ** 29'00''➡28'00''➡27'00''	★★★★
木	セット練 ● **インターバル** ジョグ10分＋600m（3'00''）×1 ＋200m（0'49''）×3本 ＊間は90秒のジョグorウォーク	★★
金	オフ	
土	● **ペース走** 120分（キロ5'55''）	★★★
日	オフ	

sub-4
week 5
サブ4／5週目

ポイント練習の真打ち、峠走が登場する

	アレンジメニュー	重要度
	● **10kmビルドアップ** 28'00''➡26'00''+**ジョグ**5km　**or** ● **距離走15km**（キロ5'33''）	★★★
	セット練 ● **ステップマシン**15分：ウォームアップ5分+1分ごとに負荷を上げ、心拍数170まで追い込む。**or** ● **階段昇降**15階分	★½
	● **起伏走**25km　**or** ● **距離走25km**（キロ5'45''）	★★★

今週でメニューの半分を消化します。もはや基礎的な筋力と体力がついているはず。そのタイミングで峠走を行い、上りで推進力と心肺機能、下りで素早い動きと着地筋を鍛えます。アレンジメニューの起伏走や距離走ではなく、ぜひ峠走に挑みましょう。

峠走にはペースが設定されていません。上りでも下りでも、歩かないことを目標に定めてください。上りと下りでは走りがガラリと変わって飽きませんし、下りは重力に任せて転がり落ちるようなもの。ですから、平地で30㎞走をするより、ずっとラクに感じるに違いありません。

15㎞ビルドアップは最初と次の5㎞は先週と同じですが、最後は1分30秒上げ。セット練のインターバルのタイムも微妙に上がっています。

曜日	基本メニュー	重要度
月	オフ	
火	● **ジョグ** 45分	⯪
水	● **15㎞ビルドアップ** 29'00''➡28'00''➡26'30''	★★★★
木	セット練 ● **インターバル** ジョグ10分＋600m（2'55''）×1 ＋200m（0'47''）×3本 ＊間は90秒のジョグ or ウォーク	★⯪
金	オフ	
土	● **峠走** 25㎞	★★★★
日	オフ	

sub-4
week 6
サブ4／6週目

スピートとロング、セット練が2連発

	アレンジメニュー	重要度
	● **10kmビルドアップ** 27'30''➡26'00''+**ジョグ**5km **or** ● **距離走15km**（キロ5'30''）	★★★½
	セット練 ● **ステップマシン**15分：ウォームアップ5分＋1分ごとに負荷を上げ、心拍数170まで追い込む。**or** ● **階段昇降**15階分	★½
	● **トレラン**150分＋舗装路の下り500m	★★★
	セット練 ● **ステップマシン**10分：ウォームアップ5分＋1分ごとに負荷を上げ、心拍数170まで追い込む。**or** ● **階段昇降**10階分	★

sub-4

全体の半分が終わり、ここから後半戦。オフは週3日から2日に減ります。始めにメディカルチェックを行い、その結果を踏まえてサプリメントなどで体調を管理します。翌火曜のジョグはそれまでの45分から60分に伸びています。この頃になるとサブ4を狙うランナーでも、恐らく45分のジョグでは物足りなくなるに違いないからです。

6週目のみ、セット練が2回あります。水曜のビルドアップと木曜のインターバルの組み合わせはスピードを高めるセット練、土曜のペース走と日曜のスピード走の組み合わせは持久力を底上げするロングのセット練です。土曜に26kmほど走っていますから、日曜は筋肉が疲労で緊張してガチガチになっています。そこで10分ほどジョグして筋肉をほぐしてから、土曜のペース走と同じペースで1000m走ります。

曜日	基本メニュー	重要度
月	オフ(メディカルチェック)	
火	● **ジョグ** 60分	½
水	● **15kmビルドアップ** 28'30''➡27'30''➡26'30''	★★★★★
木	セット練 ● **インターバル** ジョグ10分+600m(2'50'')×1 +200m(0'45'')×3本 *間は90秒のジョグorウォーク	★★
金	オフ	
土	● **ペース走** 150分(キロ5'50'')	★★★½
日	セット練 ● **ジョグ** 10分+ **スピード走 1000m**(キロ5'00'')	★½

sub-4
week 7
サブ4／7週目

２度目の峠走にトライ。翌日のセット練でパワーアップ

	アレンジメニュー	重要度
	● **10kmビルドアップ** 27'00''➡26'00''+**ジョグ**5km **or** ● **距離走15km**（キロ5'28''）	★★★★½
	● **起伏走**25km **or** ● **距離走30km**（2°50'00''）	★★★½
	セット練 ● **ステップマシン**10分：ウォームアップ５分＋1分ごとに負荷を上げ、心拍数170まで追い込む。**or** ● **階段昇降**10階分	★

6週目のセット練が終わった翌日の月曜、オフではなく60分のジョグを行います。先週からオフが3日ある週休3日から週休2日へ。走らないと体調が悪くなるランナー体質になっていますから、休むよりも軽く走った方がコンディションは整いやすいのです。

土曜に2度目の峠走をセット。レース3週間前に30㎞走を行うという、ランナーの間で鉄板とされている練習法に従いたいなら、アレンジメニューとして平地での30㎞走を行ってもOKです。いずれにしても日曜はオフにしないで、セット練で1000mのスピード走を敢行します。峠走の翌日にキロ4分55秒で走るのはしんどいと思いますが、「いまレースで40㎞を過ぎて残り2㎞の地点にいる」という気持ちで挑みましょう。2時間歩行でもOKです。

曜日	基本メニュー	重要度
月	●**ジョグ**60分	⯪
火	オフ	
水	●**15㎞ビルドアップ** 28'00''➡27'30''➡26'30''	★★★★★★
木	●**ジョグ**30分	⯪
金	オフ	
土	●**峠走**25㎞	★★★★★
日	セット練 ●**ジョグ**10分＋ **スピード走1000m**（キロ4'55''） **or** ●**2時間歩行**（キロ9'30''）	★★

sub-4
week 8
サブ4／8週目

2週連続となる最後の峠走。ハーフマラソンに出てもよし

	アレンジメニュー	重要度
	● **10kmビルドアップ** 27'00''➡25'30''+**ジョグ**5km　**or** ● **距離走15km**（キロ5'25''）	★★★★½
	● **ハーフマラソン**（1°52'00''）　**or** ● **起伏走**20km	★★★½
	セット練 ● **ステップマシン**10分：ウォームアップ5分+1分ごとに負荷を上げ、心拍数170まで追い込む。**or** ● **階段昇降**10階分	★½

走力＝潜在力ー疲労ですから、８週目からは練習量を減らすテーパーリングで疲労を抜いて走力を引き上げます。練習のボリュームは減っていますが、質は落とさないようにしています。

２週連続となる最後の峠走も、25㎞から20㎞へとボリュームダウン。不用意に疲れを溜めないようにします。峠走を経験済みなら、アレンジメニューとしてハーフマラソン、もしくは20㎞の起伏走を行う手も。ハーフマラソンでは、水曜のビルドアップと同じように始めの5㎞を28分で入り、５㎞ごとに１分ずつ上げ、最後の６㎞潰れてもいいという気概で力を振り絞ってみましょう。１時間52分前後でゴールできたら大成功です（日曜にハーフマラソンに出る場合、土日のメニューを入れ替えます）。

曜日	基本メニュー	重要度
月	オフ	
火	● **ジョグ** 45分	⯨
水	● **15㎞ビルドアップ** 28'00''➡27'00''➡26'00''	★★★★★ ★★
木	● **ジョグ** 30分	⯨
金	オフ	
土	● **峠走** 20㎞	★★★★★
日	セット練 ● **ジョグ** 10分＋ **スピード走 1000m**（キロ4'50''）	★★

sub-4
week 9
サブ4／9週目

ソツケンに合格して笑顔で最終週へ

	アレンジメニュー	重要度
	セット練 ● **ステップマシン**10分：ウォームアップ5分＋1分ごとに負荷を上げ、心拍数170まで追い込む。**or** ● **階段昇降**10階分	★

この週の白眉は水曜のソツケンです。レースペースで入り、次の5㎞は1分上げ、最後の5㎞は1分30秒上げです。設定通りにこなせたら、本番でネガティブ・スプリットを刻んでサブ4を勝ち取る可能性が高くなります。たとえソツケンに落ちたとしても、10週間トータルで90個以上の星が集められていれば、確実に走力はアップしているはずです。当日の努力によってはサブ4も夢ではありません。諦めないでください。

土曜のタイムトライアルは、疲労を溜めないように距離を絞り、10㎞のレースに出ているつもりで設定タイムを切ってください。さらなる超回復を狙い、日曜に最後のセット練で1000mをキロ4分45秒で走っておきます。

ソツケンにもタイムトライアルにもアレンジメニューはなし。真っ向勝負しましょう。

曜日	基本メニュー	重要度
月	オフ	
火	● **ジョグ** 45分	⯨
水	ソツケン ● **15㎞ビルドアップ** 28'00''➡27'00''➡25'30''	★★★★★ ★★★
木	● **ジョグ** 30分	⯨
金	オフ	
土	● **タイムトライアル10㎞**（53'30''）	★★★★
日	セット練 ● **ジョグ** 10分＋ **スピード走1000m**（キロ4'45''）	★

sub-4
week 10
サブ4／10週目

星をたくさん集めて、安心して本番に臨む

	アレンジメニュー	重要度
	●トレッドミル10km ジョグ2.5km➡5km（28'00''）➡ジョグ2.5km	★★★☆
	オフ（マッサージ）	

sub-4

ここまで重要度の高い練習を着実にこなし、多くの星を集めていたら、無駄に緊張することなくリラックスした気分で本番が迎えられます。

水曜は15kmビルドアップの代わりに、10kmの調整ランを行います。レース週に15kmビルドアップはエグすぎるので、前後に2.5kmのジョグをはさみ、レースペースで5km走るのです。気象条件が悪くて外で走りたくないときは、アレンジメニューとしてトレッドミルで行うのもよいでしょう。

走らないと不安になるなら木曜は30分ほどジョグしますが、思い切ってオフにしてマッサージでケアをする手もあります。マッサージで筋肉を緩めたままだと、ラン反射が働かないので金曜に必ず走って刺激を入れておきます。ラスト200mでダッシュしておくと、レース時の入りがラクに感じるでしょう。

曜日	基本メニュー	重要度
月	オフ	
火	●**ジョグ**45～60分	☆(半)
水	●**調整ラン10km** ジョグ2.5km➡5km（28'00''）➡ジョグ2.5km	★★★☆(半)
木	●**ジョグ**30分	☆(半)
金	●**ジョグ**10分 ➡800m（4'15''）➡200m（0'43''）	☆(半)
土	オフ	
日	**レース**	

sub-3.5
week 1
サブ3.5／1週目

ビルドアップと
ペース走をクリアしたら、
潜在力は十分

	アレンジメニュー	重要度
	● **10kmビルドアップ** 26'00''➡24'30''+**ジョグ**5km　**or** ● **距離走15km**（キロ5'10''）	★★½
	●**トレラン**90分 ＋ 舗装路の下り500m	★

3.5の壁を打ち破るための真剣勝負が始まります。重要度の高いトレーニングを率先してこなすように心がけてください。アレンジメニューも用意していますが、前半戦はなるべくアレンジメニューに頼らないようにしてください。むろん最初から最後まで基本メニューで通すのがベストです！

15kmビルドアップは、始めの5kmより次の5kmは1分上げ、最後の5kmは1分30秒上げがルールですが、1週目は最後の5kmも1分上げに留めます。最後の5kmがレースペースの25分ジャスト。水曜のビルドアップと土曜のペース走が思ったように走れたら、10週間後にサブ3.5へと脱皮できる潜在力は備わっていると考えていいでしょう。

曜日	基本メニュー	重要度	
月	●**ジョグ**45分	⯪	
火	オフ		
水	●**15kmビルドアップ** 27'00''➡26'00''➡25'00''	★★★	
木	オフ		
金	●**ジョグ**45分	⯪	
土	●**ペース走**90分（キロ5'30''）	★	
日	オフ		

sub-3.5
week 2
サブ3.5／2週目

ビルドアップを
鉄板セオリー通りに行う

	アレンジメニュー	重要度
	● **10kmビルドアップ** 25'30''➡24'30''+**ジョグ**5km　**or** ● **距離走15km**（キロ5'10''）	★★★
	●**トレラン**90分 ＋ 舗装路の下り500m	★★

ロングのポイント練習であるペース走の設定タイム、つなぎのジョグの時間は1週目とまったく同じです。

先週よりもレベルアップしているのは、スピードのポイント練習である15㎞ビルドアップとアレンジメニューの10㎞ビルドアップです。

ビルドアップの入りの5㎞と次の5㎞は先週と同じペースで走りますが、最後の5㎞はセオリー通り、1分30秒上げで24分30秒になっています。サブ3.5を完遂するには、2週目でつまずくわけにはいきませんから、ぜひクリアしてください。アレンジメニューの10㎞ビルドアップは、入りの5kmが、25分30秒と速くなっています。

たとえビルドアップで設定したタイムで走れなかったとしても、辛さの度合いが段階的に上がって追い込めていれば、走力の向上に結びつきます。

曜日	基本メニュー	重要度
月	オフ	
火	● **ジョグ** 45分	⯨
水	● **15㎞ビルドアップ** 27'00''➡26'00''➡24'30''	★★★★
木	オフ	
金	● **ジョグ** 45分	⯨
土	● **ペース走** 90分（キロ5'30''）	★★
日	オフ	

sub-3.5
week 3
サブ 3.5 ／ 3 週目

土曜のペース走が
2時間になり、
ハーフマラソン超え

	アレンジメニュー	重要度
	● **10kmビルドアップ** 25'30''➡24'00''+**ジョグ**5km **or** ● **距離走15km**（キロ5'06''）	★★★
	● **トレラン**120分 ＋ 舗装路の下り500m	★★★

3週目はスピード練習もロング練習も少しずつレベルアップします。

水曜の15kmビルドアップの入りが30秒速くなり、26分30秒になっています。そこから5kmごとに1分上げですが、最後の5kmは24分30秒と2週目と同じ。先週クリアできていたら、難なく走れると思います。アレンジメニューの10kmビルドアップは、入りのタイムは2週目と同じですが、次の5kmは1分30秒上げになります。同じくアレンジメニューの距離走はキロ4秒上げ。

次に土曜のペース走を見てみましょう。ペースはキロ5分30秒と1～2週目と変わりませんが、時間が30分延びて120分になっています。距離にしてハーフマラソン超えの22km弱です。

曜日	基本メニュー	重要度	
月	オフ		
火	● **ジョグ** 45分	★	
水	● **15kmビルドアップ** 26'30''➡25'30''➡24'30''	★★★★	
木	オフ		
金	● **ジョグ** 45分	★	
土	● **ペース走** 120分（キロ5'30''）	★★★	
日	オフ		

sub-3.5
week 4
サブ3.5／4週目

セット練が登場。短めのインターバルで超回復を狙う

	アレンジメニュー	重要度
	● **10kmビルドアップ** 25'00'' ➡ 23'30''＋**ジョグ**5km **or** ● **距離走15km**（キロ5'00''）	★★★
	セット練 ● **ステップマシン**15分：ウォームアップ5分＋1分ごとに負荷を上げ、心拍数170まで追い込む。**or** ● **階段昇降**15階分	★☆
	● **トレラン**120分 ＋ 舗装路の下り500m	★★★

sub-3.5

4週目から、連チャンでカラダを痛めつけて、走力の超回復を図るセット練がプラスされます。スピード練習とロング練習にそれぞれセット練がありますが、まずはスピードのセット練から。水曜の15kmビルドアップの翌日、木曜にインターバルを取り入れます。600m×1本、200m×3本ですから、ビルドアップの翌日でも難なくこなせます。

15kmビルドアップは26分で入り、5kmごとに1分上げ。アレンジメニューの10kmビルドアップは25分で入り、後半の5kmは1分30秒上げ。距離走もキロ6秒速くなっています。土曜に行うペース走の設定タイムと時間は先週と同じです。アウトドア好きの友人に誘われたりしたら、アレンジメニューのトレランを行うのもよいでしょう。

曜日	基本メニュー	重要度
月	オフ	
火	●ジョグ45分	⯨
水	●15kmビルドアップ 26'00''➡25'00''➡24'00''	★★★★
木	セット練 ●インターバル ジョグ10分＋600m（2'50''）×1 ＋200m（0'45''）×3本 *間は90秒のジョグorウォーク	★★
金	オフ	
土	●ペース走120分（キロ5'30''）	★★★
日	オフ	

sub-3.5
week 5
サブ 3.5 ／ 5 週目

峠走の効果と面白さを体感しよう

	アレンジメニュー	重要度
	● **10kmビルドアップ** 25'00'' ➡ 23'00''＋**ジョグ**5km **or** ● **距離走15km**（キロ4'58''）	★★★
	セット練 ● **ステップマシン**15分：ウォームアップ5分＋1分ごとに負荷を上げ、心拍数170まで追い込む。**or** ● **階段昇降**15階分	★½
	● **起伏走**25km **or** ● **距離走25km**（キロ5'15''）	★★★

5週目にして岩本式トレーニングの真打ちともいえる峠走が登場します。上りで推進力と心肺機能、下りで素早い動きと着地筋をバランスよく鍛えてください。上りでも歩かなければ、自分にとって心地よいペースでOK。アレンジメニューで起伏走と距離走を用意していますが、まずは峠走を体験してみましょう。そうすれば、意外な面白さに魅せられて、病みつきになるかもしれません。

木曜は引き続いて15kmビルドアップのセット練でインターバルを行います。タイムも少し上げています。15kmビルドアップもアレンジメニューの10kmビルドアップも入りは同じペースですが、最後の5kmが4週目よりも一段とペースアップしています。

曜日	基本メニュー	重要度
月	オフ	
火	● **ジョグ** 45分	½
水	● **15kmビルドアップ** 26'00''➡25'00''➡23'30''	★★★★
木	セット練 ● **インターバル** ジョグ10分＋600m (2'45'')×1 ＋200m (0'44'')×3本 *間は90秒のジョグorウォーク	★½
金	オフ	
土	● **峠走** 25km	★★★★
日	オフ	

スピード練習も
ロング練習も、セット練で

	アレンジメニュー	重要度
	● **10kmビルドアップ** 24'30'' ➡ 23'00''+**ジョグ**5km **or** ● **距離走15km**（キロ4'54''）	★★★½
	セット練 ● **ステップマシン**15分：ウォームアップ5分+1分ごとに負荷を上げ、心拍数170まで追い込む。**or** ● **階段昇降**15階分	★½
	● **トレラン**150分+舗装路の下り500m	★★★
	セット練 ● **ステップマシン**10分：ウォームアップ5分+1分ごとに負荷を上げ、心拍数170まで追い込む。**or** ● **階段昇降**10階分	★

月曜にメディカルチェックを。とくにスケジュール通りに走力が伸びない場合、栄養不足や内臓の不調がないかどうかを確認してください。

6週目はスピード練習のセット練に加えて、ロング練習にもセット練を取り入れます。これ以降、オフ日は週2日になりますが、それが自己ベスト更新を狙う市民ランナーのあるべき姿と覚悟してください。

スピード練習のセット練は、15kmビルドアップもしくは10kmビルドアップか距離走に続いて、インターバルもしくはステップマシンか階段昇降。この段階で峠走を2週連続して行うのはさすがにハードなので、ロング練習はペース走。セット練として、水曜のビルドアップのラストよりも速いペースで1000m走ります。足は重たいと思いますが、勇気を持って突っ込み、粘ってみましょう。

曜日	基本メニュー	重要度
月	オフ（メディカルチェック）	
火	● **ジョグ**60分	½
水	● **15kmビルドアップ** 25'30''➡24'30''➡23'30''	★★★★★
木	セット練 ● **インターバル** ジョグ10分＋600m（2'40''）×1 ＋200m（0'42'）×3本 ＊間は90秒のジョグorウォーク	★★
金	オフ	
土	● **ペース走**150分（キロ5'30''）	★★★½
日	セット練 ● **ジョグ**10分＋ **スピード走1000m**（キロ4'30''）	★½

sub-3.5
week 7
サブ3.5／7週目

30km走をするなら、後半上げる走りをする

	アレンジメニュー	重要度
	● **10kmビルドアップ** 24'00''➡23'00''+**ジョグ**5km **or** ● **距離走15km**（キロ4'52''）	★★★★½
	● **起伏走**25km **or** ● **距離走30km**（2°30'00''）	★★★½
	セット練 ● **ステップマシン**10分：ウォームアップ5分+1分ごとに負荷を上げ、心拍数170まで追い込む。**or** ● **階段昇降**10階分	★

月曜はオフではなくジョグ。そして7週目からはスピード練習のセット練をやめ、再びロング練習のセット練のみに絞ります。6週間のトレーニングでスピードはついたはずなので、15kmビルドアップの翌日は、疲労を抜いて走力を保つジョグを実施します。

土曜には2回目となる峠走を実施します。レース前に、験担ぎのように30km走を行うのが市民ランナーの間で定番化していますから、レースにエントリーしている友人と一緒に30km走をするのもよいでしょう。その場合、設定タイムは2時間半。始めの5kmを25分で入り、そこからビルドアップしてみましょう。日曜はオフにしないで、セット練で1000mのスピード走もしくは2時間歩行を行い、本番での30km以降の走りにつなげます。

曜日	基本メニュー	重要度
月	● **ジョグ** 60分	⯪
火	オフ	
水	● **15kmビルドアップ** 25'00''➡24'30''➡23'30''	★★★★★ ★
木	● **ジョグ** 30分	⯪
金	オフ	
土	● **峠走** 25km	★★★★★
日	セット練 ● **ジョグ** 10分＋ **スピード走1000m**（キロ4'20''） or ● **2時間歩行**（キロ9'30''）	★★

sub-3.5
week 8
サブ3.5／8週目

ここからテーパーリング。ハーフマラソンに出るのもアリ

	アレンジメニュー	重要度
	● **10kmビルドアップ** 24'00''➡22'30''+**ジョグ**5km　**or** ● **距離走15km**（キロ4'48''）	★★★★½
	● **ハーフマラソン**（1°40'00''）　**or** ● **起伏走**20km	★★★½
	セット練 ● **ステップマシン**10分：ウォームアップ5分＋1分ごとに負荷を上げ、心拍数170まで追い込む。**or** ● **階段昇降**10階分	★

レースまで残すところ３週間のみとなりました。ここからは段階的に走行距離を減らすテーパーリングを行います。休むのもトレーニングのうちですから、オフ日やジョグの日は食事と睡眠に気をつけて疲労回復に努めてください。

15kmビルドアップは先週と入りは同じですが、次と最後の5kmは30秒ずつ速くなります。10kmビルドアップも入りは先週と同じですが、後半の５kmが30秒速くなります。アレンジメニューの距離走も４秒上げです。

土曜は２週連続の最後の峠走。２週間前のハーフマラソンが定例行事化している人は、１時間40分を設定タイムにして出場してください。この週の15kmビルドアップと同じペースで走り、最後の６km強はさらに上げてください（日曜にハーフマラソンに出る場合、土日のメニューを入れ替えます）。

曜日	基本メニュー	重要度
月	オフ	
火	●ジョグ45分	⯨
水	●15kmビルドアップ 25'00''➡24'00''➡23'00''	★★★★★ ★★
木	●ジョグ30分	⯨
金	オフ	
土	●峠走20km	★★★★★
日	セット練 ●ジョグ10分＋ スピード走1000m（キロ4'15''）	★★

sub-3.5
week 9
サブ3.5／9週目

ソツケンをパスしてホップ、ステップ、ジャンプ！

	アレンジメニュー	重要度
	セット練 ● **ステップマシン** 10分：ウォームアップ5分＋1分ごとに負荷を上げ、心拍数170まで追い込む。**or** ● **階段昇降** 10階分	★

レース1週間前には、僕らのクラブの恒例になっているソツケンを行います。5㎞25分というレースペースから入り、次の5㎞は1分上げ、最後の5㎞は1分30秒上げでフィニッシュ。ソツケンにパスできたら、15㎞ビルドアップと同じようにネガティブ・スプリットを刻み、サブ3.5が成就できる確率が高くなります。万一ソツケンに落ちたとしても、10週間トータルで90個以上の星が集められていれば、当日の踏ん張りによってサブ3.5が実現できるかもしれません。

土曜のタイムトライアルは、スピードがあるタイプは入りの5㎞を23分で突っ込み、次の5㎞を24分30秒で。スタミナがあるタイプは23分45秒のイーブンで走ります。

ソツケンとタイムトライアルにはアレンジメニューはありません。

曜日	基本メニュー	重要度	
月	オフ		
火	● **ジョグ**60分	⯪	
水	ソツケン ● **15㎞ビルドアップ** 25'00''➡24'00''➡22'30''	★★★★★ ★★★	
木	● **ジョグ**30分	⯪	
金	オフ		
土	● **タイムトライアル10㎞**（47'30''）	★★★★	
日	セット練 ● **ジョグ**10分＋ **スピード走1000m**（キロ4'10''）	★	

sub- 3.5
week 10
サブ 3.5 ／ 10 週目

ラン反射を再刺激してからレースに臨むべし

	アレンジメニュー	重要度
	● トレッドミル 10km ジョグ 2.5km ➡ 5km（25'00''）➡ ジョグ 2.5km	★★★☆
	オフ（マッサージ）	

レース週です。水曜は15kmビルドアップの代わりに、10kmの調整ランを行います。前後にジョグをはさみ、5kmをレースペースで走ります。気象条件が悪くて外を走れないときは、トレッドミルで行うのもよいでしょう。

レース直前、ご褒美とばかりにマッサージで筋肉をほぐすランナーも少なくありません。そこで木曜のアレンジメニューにマッサージを加えました。アレンジメニューを選択した場合、必ず金曜にラン反射を蘇らせるインパクトを加えてください。金曜は最後の200mでダッシュして走りにキレを出します。ここでダッシュしておくとレースの入りがラクに感じるでしょう。

トレーニングが予定通り消化できていれば、サブ3.5はおそらく間違いないでしょう。自信を持って本番に臨んでください。

曜日	基本メニュー	重要度
月	オフ	
火	● **ジョグ**45～60分	½
水	● **調整ラン10km** ジョグ2.5km➡5km（25'00''）➡ジョグ2.5km	★★★½
木	● **ジョグ**30分	½
金	● **ジョグ**10分 ➡800m（3'30''）➡200m（0'40''）	½
土	オフ	
日	**レース**	

sub-315
week 1
サブ315／1週目

ポイント練習を想定通りにこなす

	アレンジメニュー	重要度
	● **10kmビルドアップ** 24'00''➡22'30''+**ジョグ**5km **or** ● **距離走15km**（キロ4'48''）	★★☆
	●**トレラン**90分 ＋ 舗装路の下り500m	★

sub-315

これから10週間にわたるワクワクする戦いが始まります。前半5週目まではオフが週3日ありますが、それは疲労を完全に抜いて水曜と木曜のポイント練習を設定通りにこなすため。もっと走りたいと思っても自重してください。

アレンジメニューも準備していますが、315を目標とするランナーはかなりの上級者ですから、アレンジメニューに頼りすぎないでください。その方が練習の達成度が上がり、自己ベストを出しやすくなります。

15kmビルドアップは、5kmごとに1分ずつ上げます。最後の5kmがレースペースの23分ジャスト。水曜のビルドアップと土曜のペース走が想定通りにこなせたら、315を成し遂げる力は十二分に備わっています。

曜日	基本メニュー	重要度
月	● **ジョグ** 45分	⯪
火	オフ	
水	● **15kmビルドアップ** 25'00''➡24'00''➡23'00''	★★★
木	オフ	
金	● **ジョグ** 45分	⯪
土	● **ペース走** 90分（キロ5'00''）	★
日	オフ	

sub-315
week 2
サブ315／2週目

重要度の高いトレーニングで走力の基礎を固めて

	アレンジメニュー	重要度
	● **10kmビルドアップ** 24'00''➡22'00''+**ジョグ**5km　**or** ● **距離走15km**（キロ4'44''）	★★★
	●**トレラン**90分 ＋ 舗装路の下り500m	★★

土曜のペース走とつなぎ練習のジョグの内容は１週目と同じです。先週よりもレベルアップしているのは、スピードを養うために行う15㎞ビルドアップとアレンジメニューの10㎞ビルドアップです。

15㎞ビルドアップの入りの５㎞と次の５㎞は先週と同じ設定ですが、最後の５㎞は１分30秒上げてレースペースより30秒速く走ります。

アレンジメニューの10㎞ビルドアップは、前半の５㎞が先週と同じ24分ですが、後半の５㎞は２分上げです。アレンジメニューの距離走もペースがキロ４秒速くなっています。重要度の高いトレーニングを着実にこなして基礎を固めましょう。

曜日	基本メニュー	重要度	
月	オフ		
火	●**ジョグ**45分	⯨	
水	●**15㎞ビルドアップ** 25'00''➡24'00''➡22'30''	★★★★	
木	オフ		
金	●**ジョグ**45分	⯨	
土	●**ペース走**90分（キロ5'00''）	★★	
日	オフ		

sub-315
week 3
サブ315／3週目

スピード練習も
ロング練習も
ともにレベルアップ！

	アレンジメニュー	重要度
	● **10kmビルドアップ** 23'30''➡22'00''+**ジョグ**5km　**or** ● **距離走15km**（キロ4'42''）	★★★
	●**トレラン**120分 ＋ 舗装路の下り500m	★★★

３週目に入りました。315を確実に完遂するために、スピード練習もロング練習もレベルアップさせましょう。

水曜の15kmビルドアップの入りが30秒速くなり、24分半になっています。次の５kmに１分上げですが、最後の５kmは２週目と同じですから、思ったほどエグくないはずです。アレンジメニューの10kmビルドアップは、入りのタイムは先週より30秒速くなり、次の５kmは１分30秒上げです。同じくアレンジメニューの距離走はキロ２秒上げ。

土曜のペース走は、ペースはキロ５分と１～２週目と同じですが、時間が30分延びて120分になっています。距離にしてハーフマラソン超えの24kmです。

曜日	基本メニュー	重要度
月	オフ	
火	● **ジョグ** 45分	★
水	● **15kmビルドアップ** 24'30''➡23'30''➡22'30''	★★★★
木	オフ	
金	● **ジョグ** 45分	★
土	● **ペース走** 120分（キロ5'00''）	★★★
日	オフ	

sub-315
week 4
サブ315／4週目

スピード練習のセット練でインターバルを導入

	アレンジメニュー	重要度
	● **10kmビルドアップ** 23'00''➡21'30''+**ジョグ**5km **or** ● **距離走15km**（キロ4'36''）	★★★
	セット練 ● **ステップマシン**15分：ウォームアップ5分+1分ごとに負荷を上げ、心拍数170まで追い込む。**or** ● **階段昇降**15階分	★½
	● **トレラン**120分 ＋ 舗装路の下り500m	★★★

315に挑むトレーニングも３分の１が終わりました。４週目からはいよいよセット練で走力を引き上げます。始めはスピード練習をセット練で。水曜の15kmビルドアップの翌日、木曜にインターバルを取り入れます。

315を狙う市民ランナーなら、1000ｍのインターバルを何本かやる練習を経験している人も多いでしょう。４週目のインターバルは600ｍ×１本、200ｍ×３本と短めですから、余力を残さずに追い込んでください。

15kmビルドアップは24分で入り、５kmごとに１分上げます。アレンジメニューの10kmビルドアップは23分で入り、次の５kmは１分30秒上げ。距離走もキロ６秒速くなっています。

土曜に行うペース走の設定タイムと時間は先週と同じです。

曜日	基本メニュー	重要度
月	オフ	
火	● **ジョグ** 45分	⯨
水	● **15kmビルドアップ** 24'00''➡23'00''➡22'00''	★★★★
木	セット練 ● **インターバル** ジョグ10分＋600m（2'40''）×1 ＋200m（0'43''）×3本 ＊間は90秒のジョグorウォーク	★★
金	オフ	
土	● **ペース走** 120分（キロ5'00''）	★★★
日	オフ	

sub-315
week 5
サブ315／5週目

峠走で走力をバランスよく引き上げる

	アレンジメニュー	重要度
	● **10kmビルドアップ** 23'00''➡21'00''+**ジョグ**5km **or** ● **距離走15km**（キロ4'34''）	★★★
	セット練 ● **ステップマシン**15分：ウォームアップ5分+1分ごとに負荷を上げ、心拍数170まで追い込む。**or** ● **階段昇降**15階分	★⯨
	● **起伏走**25km **or** ● **距離走25km**（キロ4'50''）	★★★

噂の峠走の登場です。315を狙う市民ランナーは、アレンジメニューの起伏走や距離走にエスケープしないで、峠走にチャレンジしましょう。上りで推進力と心肺機能、下りで素早い動きと着地筋を偏りなく鍛えたら、6週目以降の走りがポジティブに変わるに違いありません。

水曜の15kmビルドアップ、アレンジメニューの10kmビルドアップ、距離走はいずれも先週よりも厳しくなっています。距離走は前半4分40秒、後半5分が理想です。

木曜はスピード練習のセット練。インターバル、もしくはアレンジメニューのステップマシンか階段昇降を実施します。金曜のオフを有効に使って疲労をきちんと回復してから、土曜の峠走に臨んでください。

曜日	基本メニュー	重要度
月	オフ	
火	●**ジョグ** 45分	☆(半)
水	●**15kmビルドアップ** 24'00''➡23'00''➡21'30''	★★★★
木	セット練 ●**インターバル** ジョグ10分＋600m (2'35'')×1 ＋200m (0'42'')×3本 *間は90秒のジョグ or ウォーク	★☆(半)
金	オフ	
土	●**峠走** 25km	★★★★
日	オフ	

sub-315

スピード練習にも
ロング練習にも
セット練を組み合わせて

	アレンジメニュー	重要度
	● **10kmビルドアップ** 22'30'' ➡ 21'00''+ **ジョグ** 5km　**or** ● **距離走15km**（キロ4'30''）	★★★½
	セット練 ● **ステップマシン** 15 分：ウォームアップ 5 分＋1 分ごとに負荷を上げ、心拍数 170 まで追い込む。**or** ● **階段昇降** 15 階分	★½
	● **トレラン** 150 分＋舗装路の下り 500m	★★★
	セット練 ● **ステップマシン** 10 分：ウォームアップ 5 分＋1 分ごとに負荷を上げ、心拍数 170 まで追い込む。**or** ● **階段昇降** 10 階分	★

自分の持てる力を最大限に出し切るには、コンディションをつねに100%の状態に保っておくべき。月曜にメディカルチェックを行い、栄養面や健康面に不安がないことを確認しましょう。

6週目のみ、ポイント練習の柱であるスピード練習とロング練習にどちらもセット練を導入します。

まずはスピード練習。ビルドアップもインターバルも先週より、少しばかりペースアップしています。ロング練習は、2週連続の峠走を避けて土曜に150分に拡張されたペース走（走行距離は30km！）。翌日、水曜のビルドアップのラストよりも速いペースで1000m走るか、ステップマシンか階段昇降です。

曜日	基本メニュー	重要度
月	オフ（メディカルチェック）	
火	● **ジョグ** 60分	½
水	● **15kmビルドアップ** 23'30''➡22'30''➡21'30''	★★★★★
木	セット練 ● **インターバル** ジョグ10分＋600m（2'30''）×1 ＋200m（0'40''）×3本 ＊間は90秒のジョグ or ウォーク	★★
金	オフ	
土	● **ペース走** 150分（キロ5'00''）	★★★½
日	セット練 ● **ジョグ** 10分＋ **スピード走1000m**（キロ4'10''）	★½

sub-315

sub-315
week 7
サブ 315 ／ 7 週目

峠走 30km、もしくはレースペースで 30km走を

アレンジメニュー	重要度
● **10kmビルドアップ** 22'00''➡21'00''+**ジョグ**5km　**or** ● **距離走15km**（キロ4'28''）	★★★★½
● **起伏走**30km　**or** ● **距離走30km**（2° 18'30''）	★★★½
セット練 ● **ステップマシン**10分：ウォームアップ5分＋1分ごとに負荷を上げ、心拍数170まで追い込む。**or** ● **階段昇降**10階分	★

月曜はオフではなくジョグ。6週間のトレーニングでスピードはついていますから、7週目からはスピード練習のセット練がなくなり、再びロング練習のセット練のみに変更します。15kmビルドアップの翌日は、疲労を抜いて走力を保つジョグです。

15kmビルドアップは入りの5kmが先週より30秒速くなり、次と最後の5kmは同じ。アレンジメニューの10kmビルドアップも入りの5kmが30秒上がります。距離走15kmは設定タイムをキロ2秒速くします。

土曜には2回目となる峠走。市民ランナーの間で恒例化したレース3週間前の30kmを意識し、距離も30kmに延びています。アレンジメニューの距離走30kmはレースペースを守り、2時間18分30秒で走ります。翌日はセット練で1000mの距離走か2時間歩行、もしくはステップマシンか階段昇降。本番での30km以降の粘りを引き出します。

曜日	基本メニュー	重要度	
月	●**ジョグ**60分	⯪	
火	オフ		
水	●**15kmビルドアップ** 23'00''➡22'30''➡21'30''	★★★★★★	
木	●**ジョグ**30分	⯪	
金	オフ		
土	●**峠走**30km	★★★★★	
日	セット練 ●**ジョグ**10分＋ **スピード走1000m**（キロ4'05''） or ●**2時間歩行**（キロ9'30''）	★★	

最後の峠走、
またはハーフマラソンに挑む

	アレンジメニュー	重要度
	● **10kmビルドアップ** 22'00''➡20'30''+**ジョグ**5km **or** ● **距離走15km**（キロ4'24''）	★★★★½
	● **ハーフマラソン**（1°35'00''） **or** ● **起伏走**25km	★★★½
	セット練 ● **ステップマシン**10分：ウォームアップ5分＋1分ごとに負荷を上げ、心拍数170まで追い込む。**or** ● **階段昇降**10階分	★

レースまであと３週間となり、走行距離を徐々に減らすテーパーリングに入ります。泳がないと死んでしまうマグロのように､走らないと調子が出ないランナー体質になっていると思いますが、休むのもランナーのトレーニングのうちです。

15kmビルドアップの入りは先週と同じですが、次の５kmと最後の５kmはそれぞれ30秒速くなっています。アレンジメニューの10kmビルドアップは後半の５kmが30秒速くなり、距離走もキロ４秒上げです。

土曜は最後の峠走です。いつもレースの２週間前にはハーフマラソンを走っているなら､アレンジメニューとして取り組み､１時間35分を設定タイムにしましょう。前半10kmは５km 23分、次の５kmは22分、残りは水曜のビルドアップのラスト５kmと同じ５km 21分のペースで行くのがベストです（日曜にハーフマラソンに出る場合、土日のメニューを入れ替えます)。

曜日	基本メニュー	重要度
月	オフ	
火	● **ジョグ** 45分	⯪
水	● **15kmビルドアップ** 23'00'' ➡ 22'00'' ➡ 21'00''	★★★★★ ★★
木	● **ジョグ** 30分	⯪
金	オフ	
土	● **峠走** 25km	★★★★★
日	セット練 ● **ジョグ** 10分＋ **スピード走 1000m**（キロ4'00''）	★★

sub-315
week 9
サブ315／9週目

ソツケンをパスし、好調キープでラストスパート！

	アレンジメニュー	重要度
	セット練 ● **ステップマシン**10分：ウォームアップ5分＋1分ごとに負荷を上げ、心拍数170まで追い込む。**or** ● **階段昇降**10階分	★

泣いても笑ってもあと２週間。この週の水曜、315が完遂できるかどうかの指標となるソツケンを行います。レースペースである５km 23分から入り、次の５kmは１分上げ、最後の５kmは１分30秒上げ。ソツケンをパスできたら、15kmビルドアップと同じようにネガティブ・スプリットで315が切れるはず。ソツケンはハイペース＆真剣勝負なので、他のランナーの邪魔にならない安全な場所で行ってください。たとえソツケンに落ちても、10週間で90個以上の星が集められていれば、315実現の可能性は残されています。

土曜のタイムトライアルは、始めの２kmをゆっくりキロ４分30分で入り、残り８kmはキロ４分26秒で。翌日は最後のセット練で1000mをキロ３分55秒で締めます。

ソツケンとタイムトライアルにはアレンジメニューはありません。

曜日	基本メニュー	重要度
月	オフ	
火	● **ジョグ**60分	⯨
水	ソツケン ● **15kmビルドアップ** 23'00''➡22'00''➡20'30''	★★★★★ ★★★
木	● **ジョグ**30分	⯨
金	オフ	
土	● **タイムトライアル10km**（44'30''）	★★★★
日	セット練 ● **ジョグ**10分＋ **スピード走1000m**（キロ3'55''）	★

sub- 315
week 10
サブ315／10週目

最後のスピード練習で ラン反射を磨いて走りにキレを

	アレンジメニュー	重要度
	●トレッドミル10km ジョグ2.5km➡5km（23'00''）➡ジョグ2.5km	★★★
	オフ（マッサージ）	

最後の1週間です。

水曜は15kmビルドアップの代わりに、10kmの調整ランを行います。前後にジョグをはさみ、5kmをレースペースで走るのです。気象条件が悪くて外を走るのがストレスになるときは、トレッドミルで行うのもよいでしょう。

市民ランナーには、レース直前にマッサージで筋肉をほぐす人が少なくありません。筋肉を緩めたままだとラン反射が低下しますから、ラン反射を蘇らせる金曜のスピード練習は欠かさないようにします。

金曜はラスト200mを猛ダッシュで締め（37秒はおそらく女子の限界です！）、走りにキレを出します。

ここまで順調にきていれば、あとは「レースはトレース」。リラックスして本番に臨んでください。

曜日	基本メニュー	重要度
月	オフ	
火	●**ジョグ**45～60分	⯨
水	●**調整ラン10km** ジョグ2.5km➡5km（23'00''）➡ジョグ2.5km	★★★⯨
木	●**ジョグ**30分	⯨
金	●**ジョグ**10分 ➡800m（3'30''）➡200m（0'37''）	⯨
土	オフ	
日	**レース**	

基本メニューメインで堂々王道を進む

	アレンジメニュー	重要度
	● **10kmビルドアップ** 22'45'' ➡ 21'15''+**ジョグ**5km **or** ● **距離走15km**（キロ4'27''）	★★½
	●**トレラン**90分 ＋ 舗装路の下り500m	★

サブ３を目指して今週から本格的な練習がスタートしました。何事も始めのうちはモチベーションが高く、もっと練習したくなるかもしれませんが、１週目はこれくらいで十分。週３日のオフで疲労を溜めず、ポイント練習を一つひとつ確実にこなしていきましょう。

アレンジメニューも用意していますが、サブ３を狙うなら、できるだけアレンジメニューに頼らないようにしてください。すると練習の成果が着実に出てきて、10週後には自己ベストが出せるでしょう。

15kmビルドアップは、始めの５kmを23分15秒で入り、次の５kmは30秒上げます。最後の５kmがレースペースの21分45秒。水曜のビルドアップと土曜のペース走が思ったように走れたら、サブ３ランナーの称号にふさわしいポテンシャルがあります。

曜日	基本メニュー	重要度
月	● **ジョグ** 45分	⯪
火	オフ	
水	● **15kmビルドアップ** 23'15''➡22'45''➡21'45''	★★★
木	オフ	
金	● **ジョグ** 45分	⯪
土	● **ペース走** 90分（キロ4'20''）	★
日	オフ	

sub-3
week 2
サブ3／2週目

少しだけペースアップ。早くも週休2日にスイッチ

	アレンジメニュー	重要度
	● **10kmビルドアップ** 21'45'' ➡ 20'45''+**ジョグ**5km　**or** ● **距離走15km**（キロ4'21''）	★★★
	●**トレラン**90分 ＋ 舗装路の下り500m	★★

スピードをつけるために行う15kmビルドアップとアレンジメニューの10kmビルドアップが、それぞれ1週目よりもレベルアップ。

15kmビルドアップの入りの5kmは、1週目よりも30秒速くなり、次の5kmはそこから1分上げ、ラスト5kmはさらに1分上げです。アレンジメニューの10kmビルドアップは距離が短い分、入りの5kmが21分45秒となり、次の5kmはそこから1分上げます。距離走もペースがキロ6秒速くなっています。2週目もなるべくアレンジメニューに逃げないで、基本メニュー中心で組み立ててみましょう。

土曜のペース走は1週目と同じ設定になっています。日曜はオフではなく、これからはジョグかセット練。週休2日になりますが、これがマラソン練習の本来の姿です。

曜日	基本メニュー	重要度
月	オフ	
火	● **ジョグ** 45分	⯨
水	● **15kmビルドアップ** 22'45''➡21'45''➡20'45''	★★★
木	オフ	
金	● **ジョグ** 45分	⯨
土	● **ペース走** 90分（キロ4'20''）	★★
日	● **ジョグ** 60分	⯨

sub-3

sub-3
week 3
サブ3／3週目

トレーニング内容を量・質ともにアップさせる

	アレンジメニュー	重要度
	● **10kmビルドアップ** 21'45'' ➡ 19'45''+**ジョグ**5km　**or** ● **距離走15km**（キロ4'19''）	★★★
	●**トレラン**120分 ＋ 舗装路の下り500m	★★★

サブ3に向けて、ここから練習は量・質ともに一層充実させます。

水曜の15㎞ビルドアップの入りは22分45秒で同じですが、次の5㎞は1分上げ、最後の5㎞もさらに1分上げになっています。アレンジメニューの10㎞ビルドアップは、入りのタイムは先週と同じですが、次の5㎞は一気に2分上げになります。同じくアレンジメニューの距離走はキロ2秒上げ。

ペース走は設定ペースが1〜2週と同じで時間が30分延びました。気分転換したい人はアレンジメニューのトレランに取り組んでみましょう。仕上げに舗装路を下り、ラン反射をインプットしてから練習を終えてください。

曜日	基本メニュー	重要度	
月	オフ		
火	● **ジョグ**45分	⯪	
水	● **15㎞ビルドアップ** 22'45''➡21'45''➡20'45''	★★★⯪	
木	オフ		
金	● **ジョグ**45分	⯪	
土	● **ペース走**120分（キロ4'20''）	★★★	
日	● **ジョグ**60分	⯪	

sub-3 week 4
サブ3／4週目

1000m + 200m のインターバルでセット練

	アレンジメニュー	重要度
	● **10kmビルドアップ** 21'15''➡19'45''+**ジョグ**5km　**or** ● **距離走15km**（キロ4'15''）	★★★
	セット練 ● **ステップマシン**15分：ウォームアップ5分＋1分ごとに負荷を上げ、心拍数170まで追い込む。**or** ● **階段昇降**15階分	★☆
	● **トレラン**120分 ＋ 舗装路の下り500m	★★★

サブ3に近づくための10週間トレーニングも4週目に入ります。ここからは地力を底上げするために、セット練を取り入れます。手始めはスピード練習でセット練。水曜の15kmビルドアップの翌日、木曜にインターバルを入れます。315までは600m＋200mでインターバルを組みますが、サブ3狙いだとそれでは甘すぎるので、1000m×1＋200m×5本でインターバルを。

15kmビルドアップは22分15秒で入り、5kmごとに1分上げます。アレンジメニューの10kmビルドアップは21分15秒で入り、次の5kmは1分30秒上げ。距離走もキロ4秒速くなっています。

土曜に行うペース走の設定タイムと時間は先週と同じです。

曜日	基本メニュー	重要度
月	オフ	
火	● **ジョグ** 45分	⯪
水	● **15kmビルドアップ** 22'15''➡21'15''➡20'15''	★★★★
木	セット練 ● **インターバル** ジョグ10分＋1000m (3'35'')×1 ＋200m (0'38'')×5本 *間は90秒のジョグ or ウォーク	★★
金	オフ	
土	● **ペース走** 120分 (キロ4'20'')	★★★
日	● **ジョグ** 60分	⯪

ここで第1回目の峠走にチャレンジする

	アレンジメニュー	重要度
	● **10kmビルドアップ** 21'15''➡19'15''+**ジョグ**5km　**or** ● **距離走15km**（キロ4'13''）	★★★
	セット練 ● **ステップマシン**15分：ウォームアップ5分＋1分ごとに負荷を上げ、心拍数170まで追い込む。**or** ● **階段昇降**15階分	★½
	● **起伏走**25km　**or** ● **距離走25km**（キロ4'25''）	★★★

何といってもこの週のポイントは、土曜の峠走です。上りで推進力と心肺機能、下りで素早い動きと着地筋をバランスよく鍛えたら、サブ3にぐっと近づけます。アレンジメニューとして起伏走と距離走もありますが、達成率を上げるために峠走に挑んでください。距離走を選んだら前半はキロ4分20秒、後半は4分30秒を目標に定めます。

水曜の15kmビルドアップは、始めの5kmと次の5kmの設定タイプは先週と同じですが、最後の5kmは30秒速くなっています。アレンジメニューの10kmビルドアップでも、同じく後半の5kmが30秒速くなっています。

木曜はスピード練習のセット練。インターバル、もしくはアレンジメニューとしてステップマシンか階段昇降を実施します。

曜日	基本メニュー	重要度
月	オフ	
火	● **ジョグ** 45分	⯨
水	● **15kmビルドアップ** 22'15''➡21'15''➡19'45''	★★★★
木	セット練 ● **インターバル** ジョグ10分＋1000m（3'35''）×1 ＋200m（0'37''）×5本 ＊間は90秒のジョグorウォーク	★⯨
金	オフ	
土	● **峠走** 25km	★★★★
日	● **ジョグ** 60分	⯨

週2回、セット練でダブルヘッダーを実施する

	アレンジメニュー	重要度
	● **10kmビルドアップ** 20'45''➡19'15''+**ジョグ**5km　**or** ● **距離走15km**（キロ4'09''）	★★★½
	セット練 ● **ステップマシン**15分：ウォームアップ5分+1分ごとに負荷を上げ、心拍数170まで追い込む。**or** ● **階段昇降**15階分	★½
	● **トレラン**150分＋舗装路の下り500m	★★★
	セット練 ● **ステップマシン**10分：ウォームアップ5分+1分ごとに負荷を上げ、心拍数170まで追い込む。**or** ● **階段昇降**10階分	★

前半の５週間が終わり、残すところ５週間です。勝負の後半戦に突入する前にメディカルチェックを行いましょう。栄養不足、内臓不調などがあると、思ったように練習のレベルアップが行えず、走力が頭打ちになるからです。

６週目だけはスピード練習、ロング練習の双方でセット練を行います。

15kmビルドアップでは入りが30秒速くなり、５kmごとに１分上げ。アレンジメニューの10kmビルドアップも始めの５kmが30秒速くなっています。セット練のインターバルも、先週よりややペースアップ。

峠走は負荷が強いので、この段階で２週連続はNG。ロング練習は150分に延長したペース走です。翌日のセット練では、レースペースを遥かに上回るキロ３分45秒で1000ｍ走るか、アレンジメニューとしてステップマシンか階段昇降を行います。

曜日	基本メニュー	重要度	
月	オフ（メディカルチェック）		
火	●**ジョグ**60分	⯨	
水	●**15kmビルドアップ** 21'45''➡20'45''➡19'45''	★★★★★	
木	セット練 ●**インターバル** ジョグ10分＋1000m（3'30''）×1 ＋200m（0'36''）×5本 ＊間は90秒のジョグorウォーク	★★	
金	オフ		
土	●**ペース走**150分（キロ4'20''）	★★★	
日	セット練 ●**ジョグ**10分＋ **スピード走1000m**（キロ3'45''）	★⯨	

sub-3
week 7
サブ3／7週目

第2回目の峠走。30km以降も粘れる走力が養える

	アレンジメニュー	重要度
	● **10kmビルドアップ** 20'45''➡18'45''+**ジョグ**5km　**or** ● **距離走15km**（キロ4'07''）	★★★★½
	● **起伏走**30km　**or** ● **距離走30km**（2° 07'30''）	★★★½
	セット練 ● **ステップマシン**10分：ウォームアップ5分+1分ごとに負荷を上げ、心拍数170まで追い込む。**or** ● **階段昇降**10階分	★

月曜はオフではなくジョグ。６週間のトレーニングでスピードは養われたはずなので、ここからはスピード練習のセット練を止め、再びロング練習のセット練のみに絞ります。15kmビルドアップの翌日は、疲労を抜いて走力を保つジョグを行います。

15kmビルドアップは最後の５kmが先週より30秒速くなり、10kmビルドアップも後半5kmが30秒速くなります。距離走15kmも設定タイムをキロ２秒速くします。

土曜には２回目となる峠走。市民ランナーの間で定番化したレース３週間前の30kmを意識し、距離も30kmに延ばします。アレンジメニューの距離走30kmはキロ４分15秒のレースペースを守って走るのが理想。翌日はセット練で1000mのスピード走、もしくは２時間歩行を行い、本番で30km以降苦しくなってもペースダウンしない強さを身につけます。

曜日	基本メニュー	重要度
月	● **ジョグ**60分	⯨
火	オフ	
水	● **15kmビルドアップ** 21'45''➡20'45''➡19'15''	★★★★★★
木	● **ジョグ**45分	⯨
金	オフ	
土	● **峠走**30km	★★★★★
日	セット練 ● **ジョグ**10分＋ **スピード走1000m**（キロ3'45''） or ● **2時間歩行**（キロ9'30''）	★★

2週連続の峠走、またはハーフマラソンで走力をビルドアップ

	アレンジメニュー	重要度
	● **10kmビルドアップ** 20'15''➡18'45''+**ジョグ**5km　**or** ● **距離走15km**（キロ4'05''）	★★★★½
	● **ハーフマラソン**（1°25'00''）　**or** ● **起伏走**25km	★★★½
	セット練 ● **ステップマシン**10分：ウォームアップ5分＋1分ごとに負荷を上げ、心拍数170まで追い込む。**or** ● **階段昇降**10階分	★½

レースまで残り３週間です。ここからは少しずつ走行距離を減らすテーパーリングで疲労を抜きつつ、潜在的な走力を最大限に引き出します。オフ日やジョグの日は食事と睡眠に留意して疲労回復を促してください。

15kmビルドアップは最後の５kmは先週と同じですが、入りと次の５kmが30秒ずつペースアップ。10kmビルドアップも前半５kmが30秒速くなっています。どちらも最後の５kmの設定ペースは先週と同じ。アレンジメニューの距離走15kmは７週目よりも、キロ２秒速くなります。

土曜は２週連続となる最後の峠走。レースの２週間前のハーフマラソンが定例化しているなら、アレンジメニューとして取り組み、１時間25分を目標タイムとします。水曜の15kmビルドアップと同じペースで走り、最後の６kmは４分を切るキロ３分59秒が目標。セット練の距離走は６～７週と同じです（日曜にハーフマラソンに出る場合、土日のメニューを入れ替えます）。

曜日	基本メニュー	重要度
月	オフ	
火	●**ジョグ**60分	⯨
水	●**15kmビルドアップ** 21'15''➡20'15''➡19'15''	★★★★★ ★★
木	●**ジョグ**45分	⯨
金	オフ	
土	●**峠走**25km	★★★★★
日	セット練 ●**ジョグ**10分＋ **スピード走1000m**（キロ3'45''）	★★

sub-3

week 9

サブ3／9週目

ソツケンを突破して
サブ3の夢を現実に変える

	アレンジメニュー	重要度
	セット練 ● **ステップマシン**10分：ウォームアップ5分+1分ごとに負荷を上げ、心拍数170まで追い込む。**or** ● **階段昇降**10階分	★

サブ3ゲットまであと1週間。サブ3の実現度を占うソツケンを水曜に行います。レースペースである5㎞21分15秒から入り、次の5㎞は1分上げ、最後の5㎞は1分30秒上げです。ソツケンをパスしたら、15㎞ビルドアップと同じようにネガティブ・スプリットを刻み、3時間の壁が突破できるに違いありません。ソツケンはハイペース＆真剣勝負なので、他のランナーの邪魔にならない安全な場所で実施しましょう。万一ソツケンに落ちても、10週間で90個以上の星が集められていれば、当日の努力によっては3時間を切る可能性もあります。諦めないでください。

土曜のタイムトライアルは、キロ3分54秒のイーブンが理想。翌日の最後のセット練は少しペースを速くして、1000mをキロ3分40秒で締めます。

ソツケンにもタイムトライアルにもアレンジメニューはありません。

曜日	基本メニュー	重要度
月	オフ	
火	● **ジョグ**60分	⯨
水	ソツケン ● **15kmビルドアップ** 21'15''➡20'15''➡18'45''	★★★★★ ★★★
木	● **ジョグ**60分	⯨
金	オフ	
土	● **タイムトライアル10km**（39'00''）	★★★★
日	セット練 ● **ジョグ**10分＋ **スピード走1000m**（キロ3'40''）	★

sub-3
week 10
サブ3／10週目

星をできるだけ集め、胸を張ってまな板の鯉になる

	アレンジメニュー	重要度
	●トレッドミル10km ジョグ2.5km➡5km（21'15''）➡ジョグ2.5km	★★★☆
	オフ（マッサージ）	

さあ、レース週です。

水曜は15kmビルドアップの代わりに10kmの調整ラン。前後にジョグをはさみ、5kmをレースペースで走ります。気象条件が悪くて外を走るのがストレスになるときは、トレッドミルで行ってください。

土曜はオフですから、金曜が最後の練習。ここではラン反射を蘇らせるイベントを入れておきます。レース直前にマッサージで筋肉をほぐすと、筋肉が緩んでラン反射が衰えます。木曜のアレンジメニューでマッサージを選んだ場合、金曜の刺激を忘れないようにしてください。金曜の最後の200mダッシュで走りにキレを出しておきましょう。

あとはまな板の上の鯉。アレンジメニューばかりに頼らず、重要度の高い練習がこなせていたら、サブ3ランナーの称号はきっとあなたのものです。

曜日	基本メニュー	重要度
月	オフ	
火	● **ジョグ**45～60分	☆
水	● **調整ラン10km** ジョグ2.5km➡5km（21'15''）➡ジョグ2.5km	★★★☆
木	● **ジョグ**30分	☆
金	● **ジョグ**10分 ➡1000m（3'40''）➡200m（0'35''）	☆
土	オフ	
日	**レース**	

COLUMN 02

「芍薬甘草湯」はラン反射を抑えてしまう

レース中の脚のつりや痙攣を防ぐために、ランナーには「芍薬甘草湯」という漢方薬を服用する人もいます。

芍薬甘草湯は、漢方の原典とも言われる『傷寒論』にも記載されている由緒正しいお薬。急な筋肉の痙攣、こむら返り、胃腸の激しい痛みなどに効果的とされています。

漢方＝ナチュラルでカラダに優しいというイメージも強いのですが、薬である以上は漢方薬にもデメリット、副作用があります。しかも、芍薬甘草湯の副作用はランナーにとっては致命的。筋肉を弛緩させてしまうのです。

ランニングは筋肉の強く速く、持続的なラン反射を活用する運動です。それなのに筋肉が弛緩してしまっては、ラン反射が上手に使えなくなり、チェーンの外れた自転車を漕ぐように力が入らなくなります。走る前の静的ストレッチを推奨しないのも、筋肉を緩め過ぎないためです。

芍薬甘草湯のペオニフロリンという有効成分は、筋肉を収縮させるシグナルとして働いているカルシウムイオンの流れを遮断する作用があります。筋肉は収縮したら緩むようにできていますが、脚のつりや痙攣は筋肉の意図しない収縮がずっと続いている状態。ペオニフロリンはそれを解消してくれるので、急な筋肉の痙攣、こむら返り、胃腸の激しい痛みなどに効果を発揮してくれるのです。

運動中でなければ、芍薬甘草湯で筋肉が弛緩しても何の問題もないかもしれませんが、ランニング中はラン反射が低下するので基本的にNG。

つりや痙攣を避けるために芍薬甘草湯を服用しているランナーで「練習では難なく刻めているペースが本番になると遅くなってしまう」という悩みを抱えているなら、恐らくは芍薬甘草湯による筋肉の弛緩がペースダウンの原因と考えられます。

ただし、僕のクラブのメンバーにも、芍薬甘草湯を飲んでも、練習と変わらないペースで激走できるタイプもいます。薬の効き目には個人差も大きいのでケースバイケース。芍薬甘草湯を飲むとつりも痙攣も起こらないし、レースでもグリングリンに走れるというタイプは、芍薬甘草湯を飲んでも問題ないと思います。また、キロ６分よりも遅いペースでレースを楽しんで走りたいという人（←本書の読者には少ないと思われますが）は、芍薬甘草湯で多少筋肉が緩んでも走りが大きく変わる恐れはないでしょう。

CHAPTER

3

10-WEEK
MARATHON TRAINING
PROGRAM

岩本式マラソン練習法を徹底解説

15㎞ビルドアップ ～ポイント練習

この章では、第2章の練習メニューで登場した主要なトレーニングの詳細とその狙いを改めてチェックしたいと思います。

まずはポイント練習の柱となる15㎞ビルドアップからです。フルマラソンの自己ベスト更新にはスピードとスタミナの双方が求められますが、これはスピードを身につけるために行うポイント練習です。

15㎞ビルドアップは、5㎞ごとにペースを上げるビルドアップ走。『ｃｌｕｂ ＭＹ☆ＳＴＡＲ』では毎週水曜、1周5㎞の皇居で実施しています。フルマラソンの場合、1～2㎞でペースを上げ下げするのではなく、5㎞単位でペースをコントロールします。シフトチェンジが多すぎると自動車の燃費が悪くなるように、頻繁にスピードを変えると体力が消耗しやすいのです。そこでレースをシミュレーションしながら、毎週ペースを少しずつ上げて走力をステップバイステップで高めます。

始めの5㎞はウォーミングアップ。スタート直後は血液循環が悪くて動きもスムーズではありませんから、ややスローペースで入ります。レースでもスタート直後は少なからず渋滞していますから、最初の5kmはゆっくり入るもの。これでウォーミングアップが省略できるので、忙しい社会人にとっては時短になります。

次の5kmはペースを1分上げます。ウォーミングアップが終わり、血液循環もカラダの動きもよくなっていますから、それくらいは無理なくペースが上げられます。レースでいうなら中盤から30km付近までの感覚です。

最後の5kmはもう1分上げ、もしくは1分30秒上げ。ここまでの10kmは鼻で呼吸が続けられる有酸素運動でしたが、これ以降は心拍数が上がって息が苦しくなり、鼻呼吸が追いつかなくなって口呼吸になります。これはレース30km以降の無酸素運動領域でのシミュレーション。スピードにスタミナの要素が加わります。口呼吸になるまで追い込むと練習後の達成感が高いので、トレーニングを続ける意欲が高まります。

レベルに応じて1週間ごとにステップアップしていけば、練習メニューの設定通りにペースアップできます。

たとえビルドアップに失敗したとしても、次週のメニューに果敢にチャレンジするタイプの方が結果的に走力は伸びます。たとえば、サブ3・5の2週目のように27分→26分→24分30秒とビルドアップするべきなのに、最後の5kmが1分上げの25分で終わったとします。そうなっても「悔しいから」と翌週も同じ設定で再チャレンジするのではなく、3

週目はダメ元で26分30秒→25分30秒→24分30秒という設定通りに頑張る方が、走力は伸びやすく、自己ベストに近づきやすいのです。

10日前のソツケンで実力を推し量る

レース本番の10日前（前週の水曜）にはソツケン（卒業検定）を実施します。ビルドアップ以外にも、峠走、ペース走、タイムトライアル、セット練で行うインターバルといった性質の異なる練習を積み重ねています。そうして養ったトータルの実力を推し量るのが、ソツケン。その名の通り、設定ペースで走り切れたら、10週間トレーニングは無事に卒業できたことになります。

ソツケンをパスしたら、あとは巻末付録を参照してレース前日と当日の過ごし方を守り、ペースと補給をきちんと行っていれば、試験（レース）に合格（自己ベスト達成）できるに違いありません。

ソツケンでは入りの５㎞をレースペースから入ります。次の５㎞はレースペースから１分上げて、最後の５㎞は１分30秒上げます。目標タイム別にソツケンの内容をまとめると次ページのようになります。

◉ソツケンの設定ペース

サブ4	：	28分 ➡ 27分 ➡ 25分30秒
サブ3・5	：	25分 ➡ 24分 ➡ 22分30秒
サブ315	：	23分 ➡ 22分 ➡ 20分30秒
サブ3	：	21分15秒 ➡ 20分15秒 ➡ 18分45秒

サブ4、サブ3・5あたりはともかく、サブ315、サブ3レベルになると、ソツケンのペースで走っていると自転車に乗ったときのように風を切る音が聞こえるようになり、かなりの高速になります。

ソツケンは真剣勝負。それまでトレーニングを真面目に取り組んできたランナーほど、真剣になりすぎて、まわりに気を配るゆとりがなくなっています。それゆえに、皇居のようにランナーが多いところでは、不用意に衝突しないように注意が求められます。スピードが出すぎて、急なカーブを曲がり切れないケースもあるでしょう。

僕らは皇居でソツケンを行うのが恒例になっていますが、日頃の練習も含めて皇居にこだわらず、安全に走れる5㎞のコースを見つけてソツケンで腕試しを行ってみてください。

峠走　～ポイント練習

ポイント練習は、毎週1スピード、1ロングが基本。1スピードが水曜の15kmビルドアップなら、1ロングの花形となるのは土曜の峠走です。

長距離を走る練習は平地で行うのが一般的ですが、その舞台を峠に設定したのが峠走。いまでは多くのランニングクラブが取り入れるようになりましたが、そのオリジナルは僕らが土曜に神奈川県と静岡県の県境にある足柄峠で始めたもの。13km上り、13km下る峠走です。

長距離の練習は退屈との戦いですが、峠走は景色がいつもの練習場所とは違いますし、上りと下りでは走りが劇的に変わりますから、飽きずに楽しく走れます。

僕は沖縄本島で60km走をするとき、那覇市中心部の自宅から内陸の道を北上して嘉手納基地あたりまで走り、帰りは国道58号線という海沿いの道を戻ってきます。このうち内陸の道はアップとダウンしかないのですが、58号線は嘉手納から北谷までおよそ9km真っ平らな道が続いています。このルートでいちばん辛いのはアップダウンが激しい内陸の道ではなく、帰りのフルフラットな道。起伏がある方が精神的には遥かにラクなのです。

未体験のランナーには「峠を走る」と聞くとビビってしまう方も少なくありませんが、ロングを平地でやるよりもメンタル的にはラク。身体的にも、後半の下りは重力が助けてくれるので、高地から低地にいきなり下りて酸素がたくさん入るようなものですから、思ったほど辛くはありません。

市民ランナーにとってマラソンはあくまで趣味。渓流釣りやゴルフの打ちっぱなしを楽しむように、峠走をエンジョイしてください。現に体験者に誘われてイヤイヤ走って、その魅力に開眼。あとは一人で嬉々として峠通いをするランナーも多いのです。

峠走で走力をバランスよく引き上げる

練習法の詳細を語る前に、峠走ならではのトレーニング効果に触れたいと思います。「もう知っているよ!」という方は読み飛ばしても結構です。

42・195㎞という長丁場を、一定ペースを守って走り続けるには、スピードとスタミナだけではなく、総合的な走力が求められます。それが一挙に鍛えられるのが、他の練習法にない峠走の魅力です。

峠走で鍛えられる走力には、①推進力、②心肺機能、③素早い動き(ラン反射)、④着地筋という4つのポイントがあります。

推進力は、ラン反射とともに推進力を生み出す筋肉によって得られます。フルマラソンに限らず、ランニングという運動は足首や膝などを使った小さな動きではなく、脚の付け根に当たる股関節を用いる大きな動き。その股関節を動かすお尻の大臀筋、太腿後ろ側のハムストリングスといった筋肉を鍛えるのです。

心肺機能とは、ランニング中に全身の筋肉が求める酸素を吸い込む肺と、吸い込んだ酸素を血液から筋肉に供給する心臓と血管の働きのこと。心肺機能を鍛えると、全身持久力が高まり、レース後半でもバテないで粘れるようになります。

素早い動き（ラン反射）とは、ラン反射を活用したストライドを伸ばした素早い動き。スピード練習に加えて峠走を行っておくと、ダイナミックなフォームが身につきます。

着地筋の正体は、体重の2〜3倍とも言われるランニングの着地衝撃を受け止めて緩和する太腿前側の大腿四頭筋を中心とする筋肉群。これも僕の造語です。スピードが速くなるほど着地衝撃も大きくなりますから、ダメージを避けるクッション役となる着地筋の役割は重要です。着地筋が弱いと、スタミナはまだ持っているのに、膝まわりなどに疲れや痛みなどのストレスが蓄積して、30㎞以降のペースダウンの一因となります。着地筋は、速く強いラン反射を連続的に起こすうえでも大切な役割を果たしています。

峠走の真骨頂は、上りで推進力と心肺機能、下りで素早い動きと着地筋という具合に、4つの要素を分割してバランスよく鍛えられる点にあります。

トレーニングの原則の一つに「特異性の原則」があります。サッカーに特有の動きはサッカーでしか、あるいは野球に特有の動きは野球でしか鍛えられないという意味ですが、マラソンに不可欠な4要素もまた走ることでしか鍛えられません。ところが、4要素の発達曲線には差があるため、他と比べて劣った要素があるとそれが足を引っ張り、他の要素を追い込んで鍛えられない恐れがあります。

4要素でことに成長曲線の差が大きいのは、心肺機能と着地筋です。

秋になってマラソンシーズンが始まり、本格的なトレーニングを再開すると真っ先に向上してくるのは心肺機能です。心肺機能が高まると筋肉に多くの酸素が供給できるようになり、同じ心拍数でもペースが上げられます。走り込みを続けると着地筋も着実に成長しますが、スピードと着地衝撃は比例していますから、着地筋が十分に育たないうちに心肺機能の限界を極めようとペースを上げすぎると、着地筋の限界を超えて膝などの故障を招きやすいのです。

その点、峠走の上りで推進力と心肺機能を鍛えるときは、素早い動きと着地筋には強い負担はかかりません。そして下りで素早い動きと着地筋を鍛えるときには、推進力と心肺機能には強い負担はかかっていません。上りと下りとでポイント練習を2分割するから、4つの要素を効率的に追い込めて走力がトータルに高められるのです。

上り坂ではペースは思い通りに上げられませんが、心拍数は1分間に170拍以上まで上がります。心拍数が上がった状態で走り続けると、着地筋に負担をかけることなく、心肺機能がアップします。

そして上り坂で全身を押し上げるためには、お尻の大臀筋と太腿後ろ側のハムストリングスに平地よりも強い負荷がかかります。強い負荷が加わると、平地よりも筋肉内に乳酸が溜まりやすくなります。乳酸は疲労物質という誤ったレッテルを貼られてきましたが、実際はエネルギー源として再利用されています。上り坂ではこの乳酸のリサイクルが効率的に行えるようになり、推進力のレベルアップに結びつきます。

下り坂ではスピードが出て着地衝撃も大きくなりますが、それが筋トレ効果を発揮して太腿前側の大腿四頭筋を中心とする着地筋の強化につながり、より強く速くラン反射を助ける筋肉の再教育につながります。

下り坂ではスピードに乗ると必然的に素早い動きになり、ラン反射を活用したストライドの大きな走りに修正されます。下りでかかと着地をすると1歩ごとにブレーキがかかり、膝にも大きな負担が加わるのが実感できますから、カラダの真下で着地する正しいフォームが身についてくるのです。また、下りでは動きが速すぎて地面を蹴る暇がないため、ふくらはぎの筋肉で路面を蹴る悪いフォームも修正されます。ランニングではお尻や太腿のような大きな筋肉を優先的に使うべきであり、ふくらはぎのように小さくて非力な筋肉に頼っていると、そこから疲労が溜まってペースダウンのきっかけとなるのです。

上りと下りの走り方を学ぶ

峠走の効果をよりアップさせるために、正しい上り方、下り方を学んでください。

上り坂で肝に命じてほしいのは、足元を見ないこと。足元に視線を落とすだけで、次のような負の連鎖が始まります。

顔が下を向くと猫背になり、肩甲骨が背骨から離れてしまい、背骨を介して肩甲骨と連動している骨盤が後傾します。骨盤が後傾すると腰が落ち、膝を曲げてカラダの前で着地するようになります。本来ならラン反射を活用し、縄跳びを跳ぶように弾みながら前へ前へと転がるように進むはずなのに、これでは1歩ごとに片脚スクワットをしているようなもの。足腰に疲労が溜まり、すぐにバテて練習にならないのです。レースの上り坂でも、下を向かないように注意してください。

上り坂で目線を下に向けたくなるのは、平地よりも頑張っているはずなのに、スピードが出ないから。遠くに目線を向けると景色が変わらないのでスピード感はありませんが、足元に視線を向けると地面がすごい勢いで流れていますから、スピードが出ているような錯覚に陥ります。その感覚が欲しくて目線が下がるのです。急カーブなどで道路に斜線が入っているのはこの人間の心理を利用し、車線を狭く見せるとともに、視覚的にスピード感を高めて注意喚起とスピード抑制を狙ったものです。

上り坂では目線を落とさずに進行方向へ向けたら、背すじを伸ばしたまま、上体を股関節から前に倒して骨盤を前傾させます。すると腰がぐっと入り、着地した瞬間に足首が過剰に曲がり、アキレス腱が伸ばされすぎないようにラン反射が強く働いて、筋力とエネルギーの消耗が避けられます。

レース中でも、ペースが落ちるとランナーはセンターライン寄りから沿道側へ移ります。沿道の観客や立ち木などの対象物に近づいてスピード感を得たくなるのです。それでもスピード感が足りないと視線を路面に落とし、骨盤が後傾して縄跳びがスクワットになり、サイドブレーキを引いたまま走るような状態に陥ります。こんな走りでは、自己ベストの更新は夢のまた夢。ペースが落ちてきたと思ったら、顔を上げて前を走るランナーのゼッケンあたりに目線を向け、左右の肩甲骨を意識して寄せましょう。すると骨盤が前傾してラン反射を使ったダイナミックな走りが蘇り、ペースも上げられます。

下り坂では重力に任せて下り、スピードに乗って1歩ごとにバンバンバンと大きな音を立てながら下っていきます。下るときのポイントは2つあります。

一つ目は平地よりも拳の位置を下げること。こうすると腕の重みの分だけ、重心が下がって安定します。大きなコマの方が小さいコマよりも長く安定して回り続けるように、肩甲骨と骨盤を左右交互にひねりながら走るランニングも、コマの回転運動と同じように拳を下げて重心を落とし、両腕をバランサーとして使った方が楽に長く走れます。

二つ目のポイントは、平地を走っているときと同じように、下り坂に対して体軸を垂直にすること。平地の感覚で走ろうとすると、体軸が後傾してカラダの前で着地します。これだと1歩ごとにブレーキがかかり、膝などの関節に着地衝撃がダイレクトに加わって、最悪の場合は故障につながります。「峠走で怪我をした」と嘆くランナーの多くは、下り方が間違っているのです。

下り坂では、目線と拳を下げ、カラダを前に投げ出す感覚で体軸を斜面に対して垂直に保つようにしてください。そうすると面白いようにスピードに乗れて、ラン反射を活用したストライドの大きなゆったりしたフォームが身につきます。

起伏走 〜峠走のアレンジメニュー

足柄峠は最大勾配約15％。ランニングステーション代わりに使わせてもらっている、標高110m地点の「さくらの湯」をスタートして、13km上って峠の頂上でUターンし、13km下ってスタート地点に戻る合計26kmがベーシックなコースです。

足柄峠でなくても、その気になれば、日本全国どこでも似たような環境は探し出せると思います。僕自身、沖縄本島に移住して足柄峠に通えなくなったため、八重岳という新しい峠走の舞台を見つけました。八重岳は本島北部のヤンバル地帯にあり、僕が住んでいる那覇市からは90km も離れているのですが、峠走ははるばる足を延ばす価値があるトレーニングなのです。

それでも「近くによい峠がない」「忙しくて遠くの峠まで移動する時間がもったいない」という不満は、僕の耳にも入ってきます。これまでは「黙って峠を探せ」と言い続けてきたのですが、今回は峠走のアレンジメニューとして起伏走を用意しました。

起伏走も狙いは峠走と同じ。上りで心肺機能と推進力、下りで素早い動きと着地筋を偏りなく鍛えます。日本全国どこにでも坂道はありますし、大きな川に架かっている橋にもアップダウンはあります。

たとえば、都心ランナーの間で、皇居、神宮外苑に次ぐ人気ランニングコースである赤坂御所周回コースは、急勾配の坂があることで知られています。そのうちのひとつ、安鎮坂は、距離にして320mほど、高低差およそ13mの坂道です。上って折り返して下れば640mですから、25kmの峠走と同じトレーニング効果を求めるなら、39往復すればいい計算になります。峠走と違って風景が変わらないので少々退屈かもしれませんが、峠走ができないのなら仕方ありません。

走り方は峠走と同じ。上りでは目線を落とさず、坂の上を見て走ります。下りでは、斜面に対して体軸が垂直になるように気をつけてください。

タイムトライアル10km ～ポイント練習

タイムトライアル、略してTTは通常トラックを舞台に集団で行われる古典的な長距離走のトレーニング法です。タイムトライアルでは決まった距離を速いペースを守って走り、設定タイム切りを目指します。

45ページで触れたようにトラックでの練習はカラダへの負担が大きく、陸上部出身者のようにトラックに慣れているランナー限定だと僕は思っています。現実のレースはロードで行われるわけですから、岩本式TTはロードで行います。

10週間練習メニューでは、ソツケンを終えた9週目の土曜に行います。レース3週間前に30km走、2週間前に20km走かハーフマラソン、1週間前に10km走という多くの市民ランナーのテーパーリングに従い、距離は10kmに設定しています。レースまであと1週間ですから、長い距離を踏まずに強めのインパクトを加えます。設定ペースは目標タイム別のレースペースよりも速めになっています。まとめると次の通り。10Kのレースに出ている気分でペースを守りましょう。

◉岩本式10㎞TTの設定タイム ＊〈　〉内は5㎞のペース、（　）内はレースペース

サブ4	：	53分30秒	〈5㎞ 26分45秒〉	（5㎞ 28分）
サブ3・5	：	47分30秒	〈5㎞ 23分45秒〉	（5㎞ 25分）
サブ315	：	44分30秒	〈5㎞ 22分15秒〉	（5㎞ 23分）
サブ3	：	39分00秒	〈5㎞ 19分30秒〉	（5㎞ 21分15秒）

ご覧のようにレースペースよりも若干速くなっていますから、鼻呼吸による有酸素運動では追いつかなくなり、心拍数は170を超えて無酸素運動の領域に突入して、口呼吸でもがくことになります。レースで言うなら、30㎞以降を踏ん張る意識でペースを落とさないで走り切ってみましょう。ソツケンに臨むときはみんなドキドキですが、そこをクリアしたら心にゆとりが生まれますから、どのくらいで走り切れるのか、ワクワクした気分で臨めるに違いありません。

市民ランナーの間でよく参考にされている「VDOT」という指標（↑アメリカのランニングコーチであるジャック・ダニエルズ氏が提唱しているもの）では、10㎞のタイムトライアルの設定タイムは次のようになっています。

いずれも岩本式TTより設定タイムが速くなっていますが、岩本式では15㎞ビルドアップと同じように、ゆっくり入って後

⦿VDOTによる10kmの設定タイム ＊[ ]内はVDOT

サブ4（3時間59分35）	：	52分17秒	[38]
サブ3・5（3時間28分26）	：	45分16秒	[45]
サブ315（3時間14分06）	：	42分04秒	[49]
サブ3（2時間58分47）	：	38分42秒	[54]

半上げるネガティブ・スプリットを刻みますから、目標タイムが切れるのです。

ちなみにVDOTとは、提唱者ダニエルズ氏が、ランナーの走力の基準とされる最大酸素摂取量が異なるランナーでも、レースのタイムが変わらない場合が多いことから、最大酸素摂取量に代わる指標として独自に算出した数値。ある一つの記録のベストタイムから、他の距離の想定タイムと練習ペースがわかるのが特徴です。

VDOTをもとにすると、ジョギング、ペース走、インターバルといった練習法ごとに、どのくらいのタイムで行なうと走力が伸びるかがわかる仕掛けになっており、コーチのいない市民ランナーのセルフコーチングのお手本となっています。でも、岩本式は日本人のマラソンに特化し、レースから逆算して作り上げた練習メニューなので、より実践的だと思います。

「トレラン ～ペース走のアレンジメニュー

10週間練習メニューでは、前半戦のロング練習のペース走のアレンジメニューとしてトレイルランニング（トレラン）を取り入れています。トレランとは、登山道などのオフロードを走るスポーツで、日本でも数年前からブームが続いています。

僕はずっと、フルマラソンのタイム短縮を考えるならアンチ・トレラン派でした。夏暑くて走れない時期に、涼しいトレイルを走るのは「アリ」だと思いますが、レースを控えて本腰を入れてトレーニングを行う時期の練習にトレランを取り入れてしまうと、プラスになるどころか市民ランナーの足を引っ張る恐れがあるからです。

趣旨替えした理由と具体的な練習法に触れる前に、なぜ僕がアンチ・トレラン派だったかを説明しておきます。

どちらも上り下りがあるため同一視されがちなのですが、峠走とトレランはまったく別物（←だから峠走のアレンジメニューではなく、ペース走のアレンジメニューなのです）。峠走は舗装されたオンロードで行いますが、トレランは未舗装のオフロードで行います。マラソンはオンロードで実施されますから、オフロードで行うトレランではレースに役立つ実践的な走力は身につきにくいのです。また、上りでも下りでも走り続ける峠走と違い、トレランでは傾斜が急な上りでは歩きます。マラソンはスタートからゴールまで歩かないのが建前ですから、トレランではマラソンに必要な走力が得られにくいのです。

加えてトレランの下りでは、フォームが崩れてしまいます。

トレランのトップ選手でない限り、下りでは恐怖心からへっぴり腰になり、重心を低く構えて、かかと着地でブレーキをかけながら走ります。トレランの下りと同じ走りを平地でやってしまうと、1歩ごとにスクワットをするようなもので、ペースが上がらず、脚に疲労が溜まりやすくなります。

脚の付け根である股関節は骨盤の両サイドにあるため、背骨を軸として両肩と骨盤が左右交互に回転するランニングでは、両脚の軌跡はX軸を描きながら、両脚の間からまっすぐ前に延びる1本のライン上に着地するのが正解です。ところが、トレランの初心者は、下りでは両肩も骨盤も回転しにくく、ガニ股のように両脚の延長線上に着地する2軸の走りになりがち。X軸の走りと比べて、2軸の走りではカラダの左右へのブレが生じて非効率ですし、ラン反射も上手に活かせなくなります。

ただ、毎週のようにトレイルに通い、うまく両立させているメンバーがいるのも事実。仲間がみんな山に行くのにその誘いを断る、というのも辛いものです。そこで、フルマラソンの時期にはマイナス面があることを承知のうえで、アレンジメニューとして「アリ」ということにしたのです。

ただし、トレランの下りで崩れたフォームをオンロード用に正しくリセットするため、最後は舗装されたオンロードを500mほど下ってください。また、ペース走のすべてをトレランで置き換えるのではなく、トレラン好きの友人に誘われたときに気分転換を兼ねて1～2回トライするくらいがいいかもしれません。

インターバル～15kmビルドアップのセット練

スピード練習の柱となる15kmビルドアップの翌日、疲労が抜けないうちに再度刺激を入れて超回復を狙うセット練として行うのが、インターバルです。

インターバルというと以前は選手しかやらないような練習でしたが、最近は市民ランナーでもインターバルを当たり前のように取り入れるようになりました。遅くてもいいから、ただ距離を踏めば踏むほど速くなるという、行きすぎた距離信仰への反省として捉えると納得できるのですが、市民ランナーのインターバルは本物のインターバルになっていないケースが少なくありません。

多くの市民ランナーのインターバルを定点観測していると、1000mを7～8本行うというやり方がどうやら主流になっているようです。本物のインターバルなら相当強くなると思いますが、実際は8本なら8本をほぼ同じペースで走っているランナーがほとんど。なかには最後の1本が最速タイムというケースすらありますが、これでは本来のインターバルにはならないのです。

陸上選手だった僕の経験を踏まえると、選手でも1000mのインターバルは4本が限度（↑現役時代、30本やっていたという瀬古さんは超人です！　43ページ参照）。しかも1本目より2本目、2本目より3本目と段階的にペースダウンして当たり前であり、4本目は辛くて吐きたくなるほどしんどい思いをします。インターバルは休憩をはさみながら、体力の限界まで追い込む練習。最後までペースダウンしないばかりか、ラスト1本でペースが上げられるインターバルは、インターバルとは呼べません。

岩本式インターバル走は、市民ランナーでも全力が振り絞れるように、1本あたりの距離を少しずつ短くしているのが特徴です。メンバーに推奨しているのは、1000↓800↓600↓400↓200と200メートルずつ短くしていくやり方。1本目より2本目、2本目より3本目と距離が短くなっていけば、市民ランナーでも余力を残さずに1本ずつしっかり追い込めます。

本書のサブ4からサブ315までの練習メニューでは、推奨メニューよりも距離を短くして600m×1＋200m×3本というインターバルを提案しています。距離と本数を欲張りすぎると、練習をこなすための走りになってしまい、追い込めないケースが多いためです。走力が高いと思われるサブ3でも、1000m×1＋200m×5本。セットの間は90秒間のジョグかウォークでつないでください。

ステップマシンと階段昇降
～インターバル、スピード走1000mのアレンジメニュー

インターバルのアレンジメニューに、ジムのステップマシンでのトレーニングを入れています。アレンジするタイミングとして想定したのは、激しい雨や雪などで、外でインターバルのようなスピード練習をするのに二の足を踏んだとき。レースは雨天決行ですから、雨が降ったくらいでアレンジメニューには逃げたくはないのですが、水曜のビルドアップも雨で翌日も雨だとしたら、2日続けて濡れネズミになるのは避けたいもの。無理して体調を崩すくらいなら、頭を切り替えてインドアでの練習を行うのも悪くないと思います。この他、6週目以降、ペース走もしくは峠走のセット練として行うスピード走1000mのアレンジメニューにも取り入れています。

ステップマシンとは、階段上りのような動きをひたすら繰り返す有酸素運動マシン。始めの5分はウォーミングアップ。あとは1分ごとに負荷レベルを上げて、最終的には心拍数が1分間に170拍以上になるまで追い込みます。インターバルもスピード走1000mもスピード練習ですが、こうすればステップマシンでスピード練習と同等の刺激がカラダに入り、「辛い練習の翌日、休まないでもう一度辛い練習をさせる」というセット練の

趣旨に沿ったトレーニングが行えます。ポイント練習の翌日は、股関節が錆びついたように動きにくくなり、まるで鉛のシューズを履いているみたいに脚が重たくなっています。昔懐かしい『巨人の星』に出て来た大リーグボール養成ギプスをつけたような状況であり、そこでさらに疲れる運動をすると超回復が起こって走力が上向くのです。

ステップマシンは、ステップに両足を乗せたまま行いますから、足首を固定して地面を蹴らないランニング感覚が身につきます。背すじを伸ばして胸を張り、ふくらはぎを使わないでステップを真下に押すように意識してください。ステップマシンには着地衝撃がありませんから、安心して心肺機能をギリギリまで追い込めるというメリットがあります。

階段昇降は、ジムに入っていない、あるいは入っているけれど、行きたくないときのアレンジメニューです。ステップマシン15分の代わりなら15階分、同じく10分の代わりなら10階分、上り下りしてください。実はこれ、沖縄で僕自身が行っているもの。ウルトラマラソンに備えて40〜60㎞の距離走を行った翌日、僕はセット練として、自宅マンションで階段昇降を行っています。階段の上りではステップマシンと同じように心拍数が上がり、大リーグボール養成ギプスをつけた状態の脚にもプラスのダメージが加わります。

ちなみに、日本のトレラン界のレジェンド、鏑木毅さんは、群馬県庁に勤めていた頃、トレーニングの一環として32階建ての県庁の階段を30分程度で4往復していたそうです。

2時間歩行 ～峠走のセット練

7週目の日曜、セット練のオプションとして紹介したのが、2時間歩行。その名の通り、2時間歩き通す練習です。ペースはキロ9分30秒、歩行距離は13km弱。ウェアとシューズはランニング時と同じものを使い、時間はネットで計測します。信号待ちの間や、コンビニや自動販売機で飲み物を買ったりするときは時計を止めてください。

2時間歩行が誕生したのは、ごく最近。僕の次のような体験がもとになっています。

2016年6月のある日曜、僕は東京の自宅を朝7時に出て、バッドウォーターに備えたポイント練習で7時間歩いてみましました（↑7時間もかけたのに、歩けたのはわずかに47・5kmでした）。

フルマラソンはともかく、バッドウォーターのようなウルトラになるとレースの途中で歩くことは少なくありません。

全長246kmのスパルタスロンでは、いちばん成績が良かったときでさえ、途中5～6kmは歩きました。バッドウォーターに初参加したときは、全長217kmのうち、走れたのは始めの30kmほど。残りの180kmは歩き倒しています。ウルトラでもずっと走り続けるのが理想ですが、現実的には初めから歩くことを想定したトレーニングも必要なのかもしれない……。そう思い立って7時間歩いてみたのです。

このポイント練習では思わぬ発見がありました。歩いた翌日、太腿全体にじわっと重たい筋肉痛が出てきたのです。これは恐らく、一般ランナーの初フル、あるいは初めての峠走の翌日に感じるのとほぼ同じもの。僕なら走ったときには決して起こらない筋肉痛です。それが完全に消えたのは中2日経った水曜日でした。

これは明らかに着地衝撃によるもの。ランニングでは1歩ごとに体重の2〜3倍という着地衝撃が加わりますが、ウォーキングの着地はそれより遥かにマイルドでソフトなはず。それでも筋肉痛が出たのは、ウォーキングでは、ランニングのようにラン反射による事前収縮が起こらないためでしょう。

走るときは衝撃を緩和して関節を守り、カラダの沈み込みを防ぐために、反射的に太腿の大腿四頭筋などの着地筋が収縮しています。けれど、歩くときには事前収縮は起こらず、着地筋はゆっくり弱く収縮するだけ。理由はカンタン。ウォーキングでは着地衝撃が弱く、関節を守る必要性も低く、カラダの沈み込みも起こらないからです。

しかし7時間も歩くと、弱い衝撃でも塵も積もれば山となり、着地筋が疲労します。ウルトラも後半になるとラン反射による事前収縮の速さも強さも相当衰えています。この状況をロングウォークで事前に作り、レース前に超回復で鍛えておくことは、レース後半のペースダウンや、脚が止まって歩き出すタイミングを先延ばししてくれるに違いありません。

本書の対象は100kmを超えるウルトラを目指すランナーではなく、その半分以下の42・195kmを走ろうというランナー。しかもセット練ですから、7時間の3分の1以下、2時間歩行を提案しています。

狙いは7時間歩行と同じ。レース後半の着地筋の状態をリアルにシミュレーションし、レース後半のペースダウンを防ぐことにあります。

「スロージョグでもいいのでは？」という疑問の声も聞こえてきそうですが、ゆっくりでもジョグだと事前収縮が働きますから、トレーニング効果は下がります。かといって、ちんたら歩いてもトレーニング効果は得られませんから、キロ9分30秒でキビキビと歩いてほしいのです。

巻末の付録でも触れているように、レース前日や当日はエキスポや受付などで立ったり、歩いたりする時間が案外長いもの。ここで脚を使うと疲労が溜まり、レース本番で思ったような走りができなくなります。かといってまったく立ったり、歩いたりしないわけにはいきませんから、2時間歩行＆超回復で立つ、歩くに負けない下半身を作っておくのです。

トレッドミル10km〜調整ラン10kmのアレンジメニュー

最終10週目の水曜、調整ラン10kmの代わりに行うアレンジメニューが、ジムでのトレッドミルです。これも想定したのは雨や雪などの悪天候。この段階はソツケンもタイムトライアルも終えた自由な身ですから、悪天候をついて走るような真似をしなくても、インドアで少しラクをする権利があるのです。

調整ラン10kmの目的は、疲労を溜めずに走力を落とさないこと。ランナー体質の維持にありますから、設定タイムを同じにしてやれば、外を走ってもトレッドミルで走っても大きな違いはありません。その際、気をつけてほしいポイントがあります。

「トレッドミルはベルトが勝手に回転しているだけだから、外でのランニングに動きを近づけるなら、傾斜をつけないとダメだ」という説もありますが、僕に言わせるとそれは大間違い。ベルトが勝手に回っているだけなので、逆に地面を蹴らないラン反射を活かした正しい走りが身につくのです。俗説を信じて傾斜をつけると、ふくらはぎを使って蹴る悪い動きが身につく恐れがあります。峠走や起伏走の上りでは蹴らなくても前に進みますが、トレッドミルで傾斜をつけると、蹴らないとベルトから転がり落ちてしまうのです。

COLUMN 03

「脚のつり予防に塩を摂れ」は大ウソだった！

レースで汗をどっさりかくと、水分とともに体液中に含まれているナトリウムなどの電解質も失われます。電解質とは、ナトリウムなどのミネラルが水に溶けたものです。発汗で脱水しているのにナトリウムなどの電解質を含まない真水で水分補給していると、「自発的脱水」が起こって脱水が一層進む場合があります。メカニズムは次の通りです。

汗でナトリウムを失っているのに真水で水分補給をすると体液が薄くなります。すると体液が薄まらないように、喉の渇きを覚えなくなり、血液が減ったままになって心拍数が上がって苦しくなり、熱中症のリスクも高くなります。カラダが自ら脱水を進めるようにみえるため、「自発的脱水」と呼ばれているのです。

そしてナトリウムなどの電解質が失われると、脚がつりやすくなります。

走り続けて筋肉に疲労が溜まると脚はつりやすくなります。加えてナトリウムなどのミネラルのバランスが崩れると、筋肉や腱の伸縮をモニターしている筋紡錘や腱紡錘といったセンサーが誤作動を起こし、疲れた脚が余計につりやすくなるのです。

ここまで読んだ人は「脚のつり予防に塩を摂れ」は大ウソでも何でもないのではないかと首を傾げているかもしれません。本題はここからです。

レースのエイドでは塩が置かれていることも多いのですが、塩＝ナトリウムではありません。塩（塩化ナトリウム）はナトリウム＋クロールという化合物。「ナトリウムも摂れるからいいじゃん！」と思うかもしれませんが、運動時に塩を固形で摂るのはマイナス。胃の粘膜を荒らしてしまうのです。

胃は自ら分泌する胃酸から粘膜を守るために、粘液を分泌しています。走り続けて血液が筋肉と皮膚にごっそり吸い取られてしまうと、胃の粘液の分泌は少なくなります。さらに塩には、粘液を構成しているムチンという物質を分解する働きがあり、粘液というガード役を失った粘膜は胃酸にダイレクトにさらされて機能不全を起こしやすくなります。僕自身、レースや練習中に塩タブレットを口に入れた瞬間、胃が痙攣を起こして嘔吐した経験が3度ほどあります。胃の機能が落ちてしまうとアミノ酸や糖質などの補給がうまくいかなくなり、設定ペースを守って走れなくなります。

脱水とつりを予防するためなら、塩を固形で摂らなくても、スポーツドリンクや経口補水液、サプリメントなどから電解質としてナトリウムを摂取すればこと足ります。シンプルに言うなら、エイドで真水ではなくスポドリで水分補給すれば、ナトリウム不足は避けられるのです。

巻末付録

10-WEEK
MARATHON TRAINING
PROGRAM

1 レース前日・当日の過ごし方チェックリスト

10週間練習メニューが思い通りにこなせたら「レースはトレース」。設定ペースを守っていくことで、目標タイムが切れるはずです。でも、レース前日と当日、レース中の過ごし方次第では、思わぬ疲労やエネルギー不足が起こり、「レースはトレース」にならない恐れもあります。そこで、前日、当日、レース中の注意点をチェックリスト形式でまとめてみたいと思います。過去の著作で触れている内容ばかりですから、説明は最小限に留めています。

2 書き込み式・10週間マラソン練習ダイアリー

目標のレースを定め、本書の練習メニューに取り組むにあたって活用できるダイアリーを用意しました。その日に実践した練習メニューと合わせて、星（★）も書き込んでいくことで、10週間での達成度が一目瞭然です。

3 目標タイム別ラップ表

レースはトレース。本番は、練習で達成した5キロごとのラップをトレースして走るだけです。目標タイム別のラップ表を用意しましたので、見やすい大きさにコピーして使ってください。ラップ表のもとになっているのはソツケンのタイムです。

CHECK LIST
レース前日

□ 立ちっぱなし、歩きっぱなしを避ける

立ったり、歩いたりするのは、走ることよりもカラダの負担が想像以上に大きいもの。下半身の筋肉の伸縮で血流を活性化する「ミルキング・アクション」が十分に働かなくなり、ラン反射による事前収縮も起こらないので、着地衝撃がじわじわとボディブローのように効いてきます。前日にエキスポなどで長時間立ったり、歩いたりを繰り返しているとレース前から足腰が疲れてしまいます。僕は、前日はどこでも座って休めるように、100均で売っている小型の折り畳み椅子を持ち歩いています。

□ 前泊する宿泊先の客室を適度に加湿する

ホテルなどの客室は気密性が高く空調がきいているため、乾燥しがち。湿度が50%を下回ると風邪などのウイルスが空気中に舞いやすく、風邪を引きやすくなります。喉が乾燥で炎症を起こすだけでも、呼吸に差し障るなどして、走りには悪い影響が出ます。ホテルから加湿器を借りる、小型のUSB加湿器を持参する、バスタブに水を張る、エアコンの吹き出し口に濡れタオルを干すなどの手段で適度に加湿してください。

□ 荷物整理はベッドの上で

前泊した客室でスーツケースなどの荷物を整理するときは、ベッドなどの上に置いて。床に荷物を置くと、しゃがんで深い前傾姿勢を取りながら荷物を整理することになり、足首も膝も股関節も深く折れ曲がり、腰椎もわん曲してしまいます。いずれも血管を折り曲げて血行不良を引き起こすうえに背中や腰のストレスになりますから、避けるべきです。

巻末付録 1 レース前日・当日の過ごし方チェックリスト

□ カーボローディングは行わない

夕飯はいつもと同じでOK。エネルギー源となる糖質をご飯やパスタなどで補給するカーボローディングは逆効果になる恐れがあります。10週間練習メニューを続けていると、脂質をエネルギー源として上手に使い、糖質を節約できる体質に切り替わっています。なのに前日に大量の糖質を摂ってしまうと、糖質を浪費するようにスイッチが切り替わる恐れがあるのです。糖質はレース前とレース中に補給するのが正解です。

□ 前日くらいはお酒を抜く

お酒を飲むのが習慣化した人でも、前日はお酒を抜いてください。アルコールを代謝しているのは肝臓。肝臓はレース中のエネルギー代謝の中枢であり、運動中に生じる多種多様な老廃物と疲労物質を処理しています。ビール中ビン1本分のアルコールでも、肝臓が完全に代謝するまでにはおよそ3時間かかるとか。深酒をしてしまい、翌朝アルコールが少しでも残っていると、スタート前から肝臓が疲れた状態となり、パフォーマンスは下がります。またアルコールには利尿作用があり、脱水状態に陥る恐れもあります。

CHECK LIST
レース当日

□ 起床はスタート時刻の４時間前

当日の起床は、スタート時刻の４時間前を目安とします。起きたらカーテンを開けて日光を浴び、休息と活動のリズムを切り替える体内時計をリセット。交感神経を優位にして、運動に適した体内環境を整えます。とくに朝ランが習慣化していない人は、ギリギリまで寝ていると半ば寝ぼけた状態でレースに臨むことになります。レース日も早起きは三文の徳なのです。

□ 起きたら経口補水液とBCAA

寝ている間にコップ１杯ほどの水分を失っていますから、脱水状態に陥らないように経口補水液で水分補給。経口補水液とは糖質、ナトリウムなどの電解質を体液とほぼ同じ組成で含み、体内への吸収率が高い飲み物です。加えて筋肉の損傷を防ぐためにBCAA（バリン、ロイシン、イソロイシン）をサプリメントで摂ります。BCAAは筋肉に含まれており、運動中に分解されて疲労を招く場合があるので、事前に補っておくのです。

□ 朝食はスタート時刻の３時間前に白くて甘くないものから

朝食はスタート時刻の３時間前。スタート時には固形物が胃のなかに残っていないのが理想です。３時間もあれば食べたものが消化吸収されてエネルギー源となります。朝食では白くて甘くないご飯、お餅、パン、うどん、パスタを主食として食べます。玄米やライ麦パンのように茶色っぽい主食は食物繊維が多く、消化吸収が遅くなるので避けます。

□ レース前のカステラと大福の思わぬ落とし穴

僕の長年の持論は「マラソンは食べるスポーツ」。ガス欠を未然に防ぐために、予定ゴール時刻の5時間前まで食べ続けます。サブ4狙いならスタート時刻の1時間前、サブ3狙いなら同じく2時間前までです。朝食後の食事には切り餅が手軽で便利。適当な間隔を空けて6～7個食べます。カステラや大福のような甘いものを食べると血糖値が一気に上がり、その後反動で急激に下がってしまい、走り出しで足が動きづらくなります。

□ ウォーミングアップ、ストレッチはしない

ストレッチとウォーミングアップはしなくてOK。というよりも、やらないでください。筋肉を静かに伸ばすストレッチを行うと、ラン反射が鈍ってリズミカルに走れなくなります。ウォーミングアップには毛細血管を開いて血液循環を促し、筋肉の動きをよくする効果がありますが、スタートから5㎞はウォーミングアップに当てますから、ウォーミングアップで体力を消耗する必要はないのです。起床後、宿舎で熱めのシャワーを浴びるだけでも温熱作用で毛細血管が開き、ウォーミングアップの代わりになります。

□ 気温でサングラスを変える

サングラスをかけるなら、暑い日は寒色系、寒い日は暖色系にしてください。目から入る情報で脳は環境変化をモニターしていますから、暑い日は寒色系のサングラスで涼しさを演出し、寒い日は暖色系のサングラスで暖かさを演出します。すると脳が錯覚を引き起こして、疲労感が軽減されるのです。現に「ツール・ド・フランス」に参加する選手たちも気温によってサングラスの色を変えています。灼熱のバッドウォーターでは寒色系のサングラスがないと、1歩も走れません。ちなみに僕はサングラスの疲労回復効果を最大限に引き出すために、バッドウォーターとスパルタスロン以外ではサングラスをかけない「サングラス断ち」をしています。

CHECK LIST

レース中

□ ゆっくり入って「ペースをトレース」

本番では走れるカラダになっていますし、誰でも興奮気味ですから、ついつい飛ばしたくなります。でも、始めの5㎞はウォーミングアップだと思って自重します。5㎞ごとのラップ、ペース、通過時間などを書いた「ラップ表」（190ページ参照）を用意して、その通りにペースをトレースしてください。同じタイムゾーンに並んでいる他のランナーに抜かれたとしても、ムキになって抜き返さないようにしましょう。後で必ず抜き返せます。

□ ペーサーについていかない

スローで入るとペーサーは先行しますが、決してペーサーを追いかけないでください。ペーサーは目標タイムのレースペースで走っているとは限らないのです。多くのペーサーは職業柄前半に貯金を作っておいて、絶対確実に設定タイムの通りにゴールしたいというプロ意識が強いもの。前半からペーサーについて走ると結果的にオーバーペースとなりやすく、後半足が止まる一因になります。ペーサーは視界のどこかに入っていればOKです。

□ 給水は5㎞から早め、少なめに

脱水が生じると体内の血液量が減り、心拍数と呼吸数が増えて苦しくなります。それを避けるために、5㎞ごとに給水所で必ず給水します。喉が渇いたと感じるときにはすでに軽い脱水が始まっていますから、喉の渇きを覚えなくても先手必勝で早めに水分補給しましょう。給水所にスポーツドリンクが用意されていたら、水分補給は発汗で失ったナトリウムなどの電解質も一緒に補えるスポドリをチョイスしてください。

□ レース中の補給を忘れない

水分補給のタイミングでサプリメントを摂取します。摂取するのはＢＣＡＡ、Ｌ-グルタミン、オルニチンというアミノ酸トリオ、それにエネルギー源となる糖質を含むエナジージェルです。さまざまなタイプのエナジージェルが市販されていますが、僕は疲労感をマスクして軽減させるカフェイン入りを薦めています。カフェインには利尿作用があるのですが、運動中で交感神経が優位だとカフェインの利尿作用をブロックしますから、カフェインのおかげでレース中にトイレが近くなる心配は無用です。

□ 肩甲骨を寄せてペースをキープする

設定ペースが苦しく感じたら、フォームをチェック。骨盤が後傾して腰が落ち、カラダの前で着地してブレーキがかかっている恐れがあります。そんなときは背中にタテの溝を刻む意識で両肩を引いて左右の肩甲骨を寄せてください。背骨というシャフトを介して連動している骨盤が前傾し、カラダの真下で着地する正しいフォームにリセットされます。

□ 苦しくなったら笑う

往年の名ランナー、瀬古利彦さんの恩師だった故・中村清さんは「苦しくなったら、笑え」という有名な言葉を残しています。笑顔で応援してくれる人の声援を受けると元気になるのは、笑っている人を見ると自分も自然と笑顔になるから。笑うのは基本的に楽しいときですから、笑顔になると脳が一瞬騙されて疲労感が軽くなるのです。一種の根性論のように聞こえるかもしれませんが、マラソンはあくまで人生を楽しむための趣味。修行ではありませんから、苦しくても笑顔で走り続けてください。

week 1

日にち	練習の内容（基本メニュー）	練習の内容（アレンジメニュー）	走行距離	達成度
／（月）			km	☆☆☆☆ ☆☆☆☆
／（火）			km	☆☆☆☆ ☆☆☆☆
／（水）			km	☆☆☆☆ ☆☆☆☆
／（木）			km	☆☆☆☆ ☆☆☆☆
／（金）			km	☆☆☆☆ ☆☆☆☆
／（土）			km	☆☆☆☆ ☆☆☆☆
／（日）			km	☆☆☆☆ ☆☆☆☆
		合計	km	個

巻末付録 2 書き込み式・10週間マラソン練習ダイアリー

week 2

日にち	練習の内容（基本メニュー）	練習の内容（アレンジメニュー）	走行距離	達成度
／（月）			km	☆☆☆☆ ☆☆☆☆
／（火）			km	☆☆☆☆ ☆☆☆☆
／（水）			km	☆☆☆☆ ☆☆☆☆
／（木）			km	☆☆☆☆ ☆☆☆☆
／（金）			km	☆☆☆☆ ☆☆☆☆
／（土）			km	☆☆☆☆ ☆☆☆☆
／（日）			km	☆☆☆☆ ☆☆☆☆
		合計	km	個

week 3

日にち	練習の内容（基本メニュー）	練習の内容（アレンジメニュー）	走行距離	達成度
／（月）			km	☆☆☆☆☆☆☆☆
／（火）			km	☆☆☆☆☆☆☆☆
／（水）			km	☆☆☆☆☆☆☆☆
／（木）			km	☆☆☆☆☆☆☆☆
／（金）			km	☆☆☆☆☆☆☆☆
／（土）			km	☆☆☆☆☆☆☆☆
／（日）			km	☆☆☆☆☆☆☆☆
		合計	km	個

week 4

日にち	練習の内容（基本メニュー）	練習の内容（アレンジメニュー）	走行距離	達成度
／（月）			km	☆☆☆☆☆☆☆☆
／（火）			km	☆☆☆☆☆☆☆☆
／（水）			km	☆☆☆☆☆☆☆☆
／（木）			km	☆☆☆☆☆☆☆☆
／（金）			km	☆☆☆☆☆☆☆☆
／（土）			km	☆☆☆☆☆☆☆☆
／（日）			km	☆☆☆☆☆☆☆☆
		合計	km	個

week 5

日にち	練習の内容（基本メニュー）	練習の内容（アレンジメニュー）	走行距離	達成度
／（月）			km	☆☆☆☆ ☆☆☆☆
／（火）			km	☆☆☆☆ ☆☆☆☆
／（水）			km	☆☆☆☆ ☆☆☆☆
／（木）			km	☆☆☆☆ ☆☆☆☆
／（金）			km	☆☆☆☆ ☆☆☆☆
／（土）			km	☆☆☆☆ ☆☆☆☆
／（日）			km	☆☆☆☆ ☆☆☆☆
		合計	km	個

week 6

日にち	練習の内容（基本メニュー）	練習の内容（アレンジメニュー）	走行距離	達成度
／（月）			km	☆☆☆☆☆☆☆☆
／（火）			km	☆☆☆☆☆☆☆☆
／（水）			km	☆☆☆☆☆☆☆☆
／（木）			km	☆☆☆☆☆☆☆☆
／（金）			km	☆☆☆☆☆☆☆☆
／（土）			km	☆☆☆☆☆☆☆☆
／（日）			km	☆☆☆☆☆☆☆☆
		合計	km	個

week 7

日にち	練習の内容（基本メニュー）	練習の内容（アレンジメニュー）	走行距離	達成度
／（月）			km	☆☆☆☆☆☆☆☆
／（火）			km	☆☆☆☆☆☆☆☆
／（水）			km	☆☆☆☆☆☆☆☆
／（木）			km	☆☆☆☆☆☆☆☆
／（金）			km	☆☆☆☆☆☆☆☆
／（土）			km	☆☆☆☆☆☆☆☆
／（日）			km	☆☆☆☆☆☆☆☆
		合計	km	個

week 8

日にち	練習の内容（基本メニュー）	練習の内容（アレンジメニュー）	走行距離	達成度
／（月）			km	☆☆☆☆☆☆☆☆
／（火）			km	☆☆☆☆☆☆☆☆
／（水）			km	☆☆☆☆☆☆☆☆
／（木）			km	☆☆☆☆☆☆☆☆
／（金）			km	☆☆☆☆☆☆☆☆
／（土）			km	☆☆☆☆☆☆☆☆
／（日）			km	☆☆☆☆☆☆☆☆
		合計	km	個

week 9

日にち	練習の内容 （基本メニュー）	練習の内容 （アレンジメニュー）	走行距離	達成度
／ （月）			km	☆☆☆☆ ☆☆☆☆
／ （火）			km	☆☆☆☆ ☆☆☆☆
／ （水）			km	☆☆☆☆ ☆☆☆☆
／ （木）			km	☆☆☆☆ ☆☆☆☆
／ （金）			km	☆☆☆☆ ☆☆☆☆
／ （土）			km	☆☆☆☆ ☆☆☆☆
／ （日）			km	☆☆☆☆ ☆☆☆☆
		合計	km	個

week 10

日にち	練習の内容（基本メニュー）	練習の内容（アレンジメニュー）	走行距離	達成度
／（月）			km	☆☆☆☆ ☆☆☆☆
／（火）			km	☆☆☆☆ ☆☆☆☆
／（水）			km	☆☆☆☆ ☆☆☆☆
／（木）			km	☆☆☆☆ ☆☆☆☆
／（金）			km	☆☆☆☆ ☆☆☆☆
／（土）			km	☆☆☆☆ ☆☆☆☆
		合計	km	個
		10週間の総合計	km	個（＝ ％）
／（日）	マラソン	タイム ： ’ ”		

＊10週間の練習で集めた星の数が90個なら達成度は90%、100個なら100%ということになります。

	サブ3.5	サブ4	補　給
	26’ 00”	29’ 00”	5km地点から随時： スポーツドリンク
	26’ 00”	29’ 00”	10km地点： BCAAサプリメント
	25’ 00”	28’ 00”	15km地点： エナジージェル
	25’ 00”	28’ 00”	20km地点： BCAAサプリメント&L-グルタミン
	24’ 30”	27’ 30”	25km地点： エナジージェル
	24’ 00”	27’ 30”	30km地点： BCAAサプリメント
	24’ 00”	27’ 30”	35km地点： エナジージェル
	24’ 00”	27’ 30”	40km地点： BCAAサプリメント&L-グルタミン
	10’ 32”	12’ 04”	
	3：29’ 02”	3：56’ 04”	

巻末付録 3 目標タイム別ラップ表

	サブ3	サブ315
0 ～ 5km	22’00”	23’30”
5 ～ 10km	21’30”	23’30”
10 ～ 15km	21’15”	23’00”
15 ～ 20km	21’00”	23’00”
20 ～ 25km	21’00”	23’00”
25 ～ 30km	21’00”	22’30”
30 ～ 35km	21’00”	22’30”
35 ～ 40km	21’00”	22’30”
40 ～ 42.195km	9’13”	9’53”
ゴールタイム	2:58’58”	3:13’23”

岩本能史 Nobumi Iwamoto

1966年、神奈川県生まれ。ランニングチーム「club MY☆STAR」代表。市民ランナーが仕事と両立させながら「サブ４」「サブ3.5」「サブ３」を実現できる独自のメソッドが評判を呼んでいる。世界でもっとも過酷と言われるバッドウォーター・ウルトラマラソン(217㎞)5回完走（最高５位）、スパルタスロン(246㎞)７回完走（最高６位）のほか、24時間走アジア選手権で２位の記録を持つ。著書に『非常識マラソンメソッド』『非常識マラソンマネジメント』（ソフトバンク新書）、『型破りマラソン攻略法』（朝日新書）、『完全攻略ウルトラマラソン練習帳』（講談社）など。

カバーデザイン　渡邊民人（TYPEFACE）
本文デザイン　吉名　昌（はんぺんデザイン）
イラスト　内山弘隆
構　成　井上健二
校　正　戎谷真知子

限《げん》界《かい》突《とっ》破《ぱ》マラソン練《れん》習《しゅう》帳《ちょう》

「サブ4」「サブ 3.5」「サブ 315」「サブ 3」

書《か》き込《こ》み式《しき》10 週間完全《しゅうかんかんぜん》メニュー

2016 年 10 月 6 日　第 1 刷発行
2024 年 1 月 18 日　第 6 刷発行

著　者　岩本能史《いわもとのぶみ》
発行者　清田則子
発行所　株式会社 講談社
〒112-8001 東京都文京区音羽 2-12-21
電話 03-5395-3606（販売） 03-5395-3615（業務）
編　集　株式会社講談社エディトリアル
代表　堺　公江
〒112-0013 東京都文京区音羽1-17-18 護国寺SIAビル6F
電話 03-5319-2171
本文組版　朝日メディアインターナショナル株式会社
印刷所　株式会社新藤慶昌堂
製本所　株式会社国宝社

KODANSHA

ISBN978-4-06-220309-8